언어 평등

ХЭЛ ТЭГШ БАЙДАЛ

NYELVI EGYENLŐSÉG

SPRACHE EQUALITY

TAAL GELIJKHEID

SPRÅK LIKHET

LANGUAGE EQUALITY

NGÔN NGỮ BÌNH ĐẲNG

IDIOMA IGUALDADE

BAHASA KESETARAAN

言語平等

שפת שוויון

भाषा समानता

ภาษาเท่าเทียมกัน

IDIOMA IGUALDAD

AEQUALITAS LANGUAGE

JAZYK ROVNOST

LANGUE ÉGALITÉ

ЯЗЫК EQUALITY

ພາສາຄວາມສະເໝີ

LIMBA EGALITATE

UGUAGLIANZA LINGUA

اللغة المساواة

برابری زبان

भाषा समानता　　　语言平等

"모든 언어는 평등하다"

언어는 문화의 다양성 산물이며,
인류 공동체 소통의 시작과 문명 발전의 발자취이다.

또한, 인류 문명의 근원인 동시에 민족 정체성의 상징이다.
언어 평등주의 관점에서 고유 가치와 순결성은 언어 사용자수와 국력에 국한 될 수 없으며
어떠한 언어도 우수함, 열등함을 비교할 수 없다.

LUGHA USAWA

따라서, 우리는 언어의 획일화 위협을 완전히 배제하며
언어학습의 자유로운 선택과 평등한 기회를 위한 어학콘텐츠 개발과 보급이
우리의 가장 중요한 가치 중 하나이다.

МОВА РІВНІСТЬ

민족 자주독립의 1945년 명동 문예서림(서점) 창립이래,
어학 콘텐츠는 우리의 과거, 현재 그리고 미래의 핵심이며
세계 모든 어학콘텐츠 개발과 보급이라는
우리의 이상과 독자를 위한 〈언어 평등〉에 정진할 것이다.

DIL EŞİTLİK

Deutsche Grammatik

독일어 문법 | 강명희

문예림

독일어 문법

2판 1쇄 인쇄 2021년 4월 17일
2판 1쇄 발행 2021년 4월 24일

지은이 강명희
펴낸이 서덕일
펴낸곳 도서출판 문예림

출판등록 1962.7.12 (제406-1962-1호)
주소 경기도 파주시 회동길 366 3층 (10881)
전화 (02)499-1281~2 **팩스** (02)499-1283
대표전자우편 info@moonyelim.com **통합홈페이지** www.moonyelim.com
카카오톡 ("도서출판 문예림" 검색 후 추가)

디지털노마드의 시대, 문예림은 Remote work(원격근무)를 시행하고 있습니다.
우리는 세계 곳곳에 있는 집필진과 원하는 장소와 시간에 자유롭게 일합니다.
문의 사항은 카카오톡 또는 이메일로 말씀해주시면 답변드리겠습니다.

ISBN 978-89-7482-831-8(13750)

잘못된 책이나 파본은 교환해 드립니다.
본 책은 저작권법에 의해 보호를 받는 저작물이므로 무단 전재와 복제를 금합니다.

  이 책은 학생들 뿐 아니라 일반인들에 이르기까지 독일어를 처음으로 배우는 사람들을 대상으로 한 것입니다. 책의 구성은 문법, 연습문제, 독해연습으로 이루어져 있습니다. 문법을 일목요연하게 간추려볼 수 있도록 하기 위해 연습문제들을 따로 구성하였으며, 독해연습을 맨 뒤에 첨가함으로써 문법과 연습문제들을 총괄하여 확인할 수 있도록 하였습니다. 각 파트별 세부사항은 다음과 같습니다.

Part I 문법

  이 책에 실린 문법사항들은 독일어를 배우는 사람들이라면 반드시 숙지해야하는 기본적인 내용들이 중심을 이루고 있습니다. 가능한 한 주요 문법들이 가시적으로 잘 드러날 수 있도록 하기 위해 꼭 필요한 설명만을 덧붙이고, 각각의 문법에 따른 보다 세부적인 사항이나 주의해야 할 부분들은 Tipp이라는 항목에 별도의 설명을 두어 이해를 돕고자 했습니다. 아울러 사용 예문들은 문법을 확인하는데 용이한 수준을 고려하여 작성되었습니다.

Part II 연습문제

  이 책에 실린 연습문제들은 문법 확인을 목적으로 난이도가 비교적 높지 않은 문제들을 중심으로 작성되었습니다.

Part III 독해연습

  문법을 훈련하기 위한 독해용 텍스트들은 독일의 잡지, 교과서, 인터넷 등에 수록된 것들 중에 기본 문법으로도 해석이 가능한 것들을 중심으로 구성되었습니다. 아울러 텍스트에 따른 어휘들의 다양성과 해석의 재미를 고려하여 유머, 일상, 동화, 기사 등 서로 다른 성격의

책머리에 *

텍스트들을 선별하였습니다. 또한 혼자 학습하는 분들을 위해 문법적인 설명을 추가로 작성해두었습니다. 해석은 번역의 매끄러움보다는 문법적인 해석에 치중하였음을 밝혀둡니다.

  이 책은 독일어에 대한 설레임과 두려움을 동시에 가지고 시작하는 모든 이들에게 작은 도움이 되었으면 하는 마음으로 시작되었습니다. 문법서는 단계별, 수준별로 얼마든지 많은 내용들이 생략될 수도, 추가될 수 있습니다. 그러나 문법의 핵심은 항상 일정합니다. 이 책에서는 독일어의 문장 구조를 이해하는데 필수적인 주요 문법 사항을 가급적 세부적인 것은 배제하고 그러면서도 핵심 사항은 빠짐없이 다루고자 노력했습니다. 이로써 독일어를 처음으로 학습하는 사람들 중에서도 특히 독일어 전공 기초 과정에 있는 학습자들에게 가장 적합한 수준의 교재가 될 것으로 여겨집니다. 세부적인 잔가지들을 최대한 거둬내고자 했음에도 도저히 포기할 수 없는 것들은 Tipp이라는 항목에 별도로 엮어 놓았습니다. 이 부분은 학습자들에게 필수 사항은 아니고 참고 사항으로 활용되길 바라는 마음입니다. 여러 차례 검토를 했음에도 불구하고 혹시나 있을 오류 사항에 대해서는 전적으로 필자의 책임이며, 앞으로 더욱 채워나가겠다는 말로 모자람을 대신하고자 합니다.

  끝으로 오랜 세월 국내 어학 전문 서적의 대표 출판사로서 수많은 교재를 통해 학습자와 교수자들의 가교 역할을 묵묵히 해오신 문예림 서덕일 사장님께 감사의 말씀을 전하며, 세심한 편집 기획과 디자인을 진행해주신 서여진 팀장님과 독일어 원고 교정을 도와준 Petra Kraus 선생님께도 감사를 드립니다. 아울러 배움의 길을 열어주시고 지금도 올바른 교수자의 길을 갈 수 있도록 이끌어 주시는 은사님들과 늘 따뜻한 온기로 든든한 지원자가 되어주는 가족에게도 감사와 사랑의 마음을 전합니다.

2014년 6월
강 명 희

목차

책머리에 ………………………………… 3

Part I 문법 Grammatik | 7

Lektion 1 | 발음 ………………………………… 8
Lektion 2 | 명사 ………………………………… 13
Lektion 3 | 동사 ………………………………… 25
Lektion 4 | 인칭대명사 ………………………… 28
Lektion 5 | 소유관사 …………………………… 32
Lektion 6 | 동사의 3요형 ……………………… 36
Lektion 7 | 분리/비분리 동사 ………………… 39
Lektion 8 | 동사의 6시제 ……………………… 44
Lektion 9 | 화법조동사 ………………………… 50
Lektion 10 | 전치사 ……………………………… 59
Lektion 11 | 형용사 ……………………………… 70
Lektion 12 | 비교변화 …………………………… 78
Lektion 13 | 수사 ………………………………… 84
Lektion 14 | 부사 ………………………………… 89
Lektion 15 | 의문사 ……………………………… 94
Lektion 16 | 접속사 ……………………………… 99
Lektion 17 | 명령법 ……………………………… 108
Lektion 18 | 재귀대명사 ………………………… 111
Lektion 19 | 비인칭 동사 ……………………… 116
Lektion 20 | 부정대명사 ………………………… 118
Lektion 21 | 관계대명사 ………………………… 124
Lektion 22 | 지시대명사 ………………………… 130
Lektion 23 | 수동태 ……………………………… 134
Lektion 24 | zu 부정문 …………………………… 143
Lektion 25 | 접속법 ……………………………… 149

Part II 연습문제 Übungen | 161

Part III 독해연습 Lesetext | 225

강변화 및 불규칙 동사 변화표 | 249

중요한 불규칙 동사 변화 | 255

해답 | 261

Das Alphabet
알파벳

A	a	[aː]	아-		P	p	[peː]	페-
B	b	[beː]	베-		Q	q	[kuː]	쿠-
C	c	[tseː]	체-		R	r	[ɛr]	에르
D	d	[deː]	데-		S	s	[ɛs]	에스
E	e	[eː]	에-		T	t	[teː]	테-
F	f	[ɛf]	에프		U	u	[uː]	우-
G	g	[geː]	게-		V	v	[fau]	파우
H	h	[haː]	하-		W	w	[veː]	베-
I	i	[iː]	이-		X	x	[iks]	익스
J	j	[jɔt]	요트		Y	y	[ypsilɔn]	윕실론
K	k	[kaː]	카-		Z	z	[tsɛt]	체트
L	l	[ɛl]	엘		Ä	ä	[a-Umlaut]	아-움라우트
M	m	[ɛm]	엠		Ö	ö	[o-Umlaut]	오-움라우트
N	n	[ɛn]	엔		Ü	ü	[u-Umlaut]	우-움라우트
O	o	[oː]	오-		SS	ß	[ɛstsɛt]	에스체트

1) 독일어의 알파벳은 라틴 문자에서 비롯된 26개의 기본 알파벳 외에 ä, ö, ü, ß 4개가 추가되어 총 30개의 자모로 이루어져 있다.
2) B와 W의 경우 한글 표기로 동일하게 '베-'로 쓰이지만 발음상으로는 상이하다. 위에 쓰인 알파벳 명칭들의 한글 표기는 가장 유사한 음가를 표기한 것이다.

Part 1. 문법
Grammatik

Lektion 1 발음 (Aussprache)

독일어는 알파벳 명칭과 발음이 대부분 동일하다. /j/, /y/, /ä/, /ö/, /ü/, /ß/를 제외하고 다른 모든 알파벳은 명칭 그대로 발음이 된다. 즉, 모음은 알파벳 소리 나는 그대로 발음되고, 자음의 발음은 초성이나 종성에 따른다: /a/ → /ㅏ/, /e/ → /ㅔ/, /i/ → /ㅣ/, /o/ → /ㅗ/, /u/ → /ㅜ/, /b/ → /ㅂ/, /d/ → /ㄷ/, /m/ → /ㅁ/, /n/ → /ㄴ/.

Auto ㅏ ㅜ ㅌ ㅗ → 아우토
Name ㄴ ㅏ ㅁ ㅔ → 나메
Haus ㅎ ㅏ ㅜ ㅅ → 하우스 (자음 뒤에 모음이 오지 않을 경우에는 /ㅡ/ 첨가)
Knospe ㅋ ㄴ ㅗ ㅅ ㅍ ㅔ → 크노스페
Garten ㄱ ㅏ ㄹ ㅌ ㅔ ㄴ → 가르텐 (/r/은 초성의 /ㄹ/)
gelten ㄱ ㅔ ㄹ ㅌ ㅔ ㄴ → 겔텐 (/l/은 종성의 /ㄹ/)
essen ㅔ ㅆ ㅔ ㄴ → 에쎈 (ss 및 ß는 /ㅆ/)
Mozart ㅁ ㅗ ㅊ ㅏ ㄹ ㅌ → 모차르트

독일어의 기본적인 발음 규칙은 알파벳 명칭과 동일하게 발음되지만 그밖에 모음과 자음에 따라 각각 특수하게 발음되는 경우들도 있다.

Lektion 1 발음

1 모음 (Vokale)

	기본모음 (Grundvokale)	변모음 (Umlaute)
단모음 (einfache Vokale)	a, e, i, o, u, y	ä, ö, ü
복모음 (Diphthonge)	ai(ay), ei(ey), au, eu, ie	äu

1) 단모음

ä [ɛ] Gäste, Hände, März
　[ɛ:] Däne, Gerät, klären
ö [œ] öffnen, können, zwölf
　[Ø] hören, mögen, nervös, Öl
ü [ʏ] fünf, Glück, müssen
　[y:] Flügel, grün, Menü, über
y [ʏ] Symbol, System, Mythologie
　[y:] Asyl, Typ
　[i] Baby, Hobby, Party *영어 차용어인 경우

> **Tipp!**
>
> ▶ ä, ö, ü는 a, o, u의 변모음(Umlaut)으로 각각 a-Umlaut, o-Umlaut, u-Umalut라고 읽는다. 이들 변모음은 a, o, u 각각에 e의 음가가 첨가된 것으로, 대개 발음할 때 입모양을 a, o, u로 한 상태에서 소리는 e로 하게끔 되어있다. 이로써 ä는 ae, ö는 oe, ü는 ue와 동일하게 취급된다. 우리말과 유사한 음가로는 모음 '아, 오, 우'에 '이'를 첨가한 '애, 외, 위'로 간주되기도 한다. 그러나 원칙적으로 이들 변모음은 한국어에 존재하지 않는 모음이므로 정확히 '애, 외, 위'로 소리 나는 것은 아니며 단지 유사한 발음일 뿐이다. 따라서 변모음의 정확한 발음을 위해서는 많은 연습이 필요하다.
>
> ▶ 독일어의 일반적인 장음 규칙은 다음 세 가지 경우이다.
> 중모음 : H<u>aa</u>r, Id<u>ee</u>, T<u>ee</u>
> 모음+h : B<u>ah</u>n, f<u>ah</u>ren, n<u>ah</u>
> 모음+단자음 : Bl<u>u</u>me, R<u>e</u>gen, T<u>a</u>ge

Part 1　　　Grammatik | 문법

2) 복모음

ai(ay)	[ai]	Mai, Haydn
ei(ey)		Arbeit, Eis, Teil, zwei, Loreley
äu, eu	[ɔy]	Bäume, Fräulein, Jubiläum, Euro, neu, heute
ie	[i:]	Brief, die, Liebe, viel, *Galerie
	[iə]	Familie, Lilie, Asien

* -ie가 [iə]로 발음되는 경우에는 -ie의 앞 모음에 강세가 있음: Famílie, Lílie, Ásien. Galeríe는 첫 번째 모음 /e/가 아니라 /i/에 강세가 있음.

❷ 자음
(Konsonanten)

1) 단자음

① b, d, g는 단어 끝 또는 자음 앞에서 [p], [t], [k]로 변화

　　[b] → [p] gelb, halb, Herbst
　　[d] → [t] Geld, Grund, Lied, neidlos
　　[g] → [k] Berg, Tag, wegfahren

　* 단, -ig+자음 또는 단어 끝에서는 [iç]로 발음: Honig, König, lebendig, wenigst

② c　[ts] CD, Cicero, Mercedes
　　[tʃ] Cello, Cembalo
　　[k] Campus, Computer, Curriculum

③ h　[h] haben, Haus
　　[묵음] 모음+h → 앞 모음은 장음: Bahn [baːn], nehmen, Fehler

④ s　[s] Gras, Post, Sklave
　　[z] s+모음 → Sohn [zoːn], Sache, sein, Signal
　　[ʃ] Sp-/ St- → p또는 t와 결합하여 단어 첫음절에 올 때: Spiel [ʃpiːl], Sport, später, Stelle, Student

　* 단어와 단어가 결합한 경우에는 sp, st가 단어 중간에 있어도 [ʃ] 발음!!
　　Blei-stift [blaiʃtift] (← Blei + Stift), Bei-spiel [baiʃpiːl],
　　ver-stehen [fɛɐʃteːən]

Lektion 1 발음

⑤ v   [f] Genitiv, Vater, Volk
       [v] Klavier, Visum, Vitamin

⑥ w   [v] BMW, Lebewesen, wann

⑦ x   [ks] Examen, Fax, Text

2) 복자음

① ch   [x] a, o, u + ch
           → Dach, machen, noch, auch, Buch, suchen, Woche
       [ç] 그 외 대부분
           → Chemie, China, ich, Milch, möchten, nächst, wichtig
       [k]/ [ʃ] 일부 외래어
           → Chaos, Charakter, Christ/ Branche, Chef, Chance

② chs [ks] Fuchs, sechs, wachsen

③ ng   [ŋ] bringen, Junge, lang, Lösung, Übung

> ※ 주의!!
> Angelegenheit, angerufen 등과 같은 단어는 An-gelegenheit,
> an-gerufen과 같이 분철되므로 복자음에 해당하지 않고 분리해서 읽어야 함.

④ nk   [ŋk] Bank, Dank, denken, Frankfurt, Punkt, schenken

⑤ ph   [f] Phantasie, Philosophie

⑥ sch [ʃ] Schule, Tisch, waschen, Schwierigkeit

⑦ ts/tz [ts] bereits, nichts, jetzt, Satz, trotzdem

⑧ tsch [tʃ] Deutschland, Klatsche, tschüss

Part 1 Grammatik | 문법

※ 기타

qu   [kv] Äquivalent, bequem, Qualität, Quelle
tion   [tsio´:n] Funktion, Nation, Produktion, Reaktion, Situation

Tipp!

▶ 주의해야 할 발음

– 단어 끝에 오는 /er/ 발음은 [ɐ]
  Herz [hɛrts] / Vater[faːtɐ], Butter, Häuser, sicher, weiter

  vgl.) er[eːɐ], der[deːɐ], erklären, erst, Ersatz

– 반자음 od. 반모음 /j/
  /j/는 단독의 음가는 지니지 않고 모음과 결합하여 음가를 더하는 것으로 쓰인다.

  a 아 → j + a → 야
  e 에 → j + e → 예
  u 우 → j + u → 유

– 합성어 및 접두사, 접미사는 분철에 주의해서 발음해야 한다.
  Gast[gast] / Früh-stück [ʃtʏk] * 합성어 früh + Stück
  setzen[zɛtsn] / recht-zeitig [rɛçt-tsaitıç] * 합성어 recht + zeitig
  gehen [geːən] ge-hören [gəhøːrən] * 접두사 ge- + 동사 hören
  waschen[vaʃŋ] / Häus-chen [hɔysçən] * 명사 Haus + 접미사 -chen

▶ ss od. ß

– ss는 단모음 뒤에: du isst, er muss, ihr lasst
– ß는 장모음이나 복모음 뒤에: Straße, ich weiß

ss는 두 개의 자음, ß는 한 개의 자음이므로 단자음 앞의 모음은 장음이 된다는 장음 규칙을 적용시킬 수 있다. 그러나 이미 주어져 있는 단어들에서 ss와 ß의 앞에 오는 모음이 장음인지 단음인지 여부를 판단할 수 있을 뿐, 모르는 단어에 있어서 어떤 모음 뒤에 ss와 ß를 삽입해야하는 지에 대해서는 판단할 수가 없다. 즉, müssen이라는 단어에서 ss가 주어져 있기 때문에 모음 ü가 단음이라는 것을 알 수 있을 뿐이지, 애초에 이 단어를 알지 못하는 경우에 mü-?-en에 ss와 ß중에 어떤 것이 삽입되어야 하는지에 대한 규칙은 없다. 결국 ss인지 ß인지는 단어들마다 암기할 수밖에 없다.

Lektion 2 명사 (Substantiv)

1 명사의 성

독일어의 명사는 성(性)을 지니며, 이들 성은 명사 앞에서 각각 남성은 der, 여성은 die, 중성은 das로 표시된다. 사전 상에는 명사 뒤에 남성은 m.(=Maskulinum), 여성은 f. (=Femininum), 중성은 n.(=Neutrum)으로 나타난다. 의미에 따라 생물학적 성과 일치하는 자연적인 성을 지닌 명사들(der Vater 아버지, die Mutter 어머니)도 있지만 그보다는 생물학적 성과 어떠한 연관도 없는 문법적인 성을 지닌 명사들(der Tisch 책상, die Wand 벽, das Mädchen 소녀)이 대부분을 차지한다. 특히 독일어의 명사는 항상 첫 글자를 대문자로 써야하며, 이로써 문장 중간에 쓰이는 명사들이어도 반드시 대문자 표기를 따라야 한다.

1) 남성명사

① 자연적인 성
  : der Mann, der Vater, der Sohn, der Bruder, der Herr, der Onkel, der Junge, der Schwager

② 하루 중의 때, 요일, 월, 계절
  : der Morgen, der Vormittag, der Mittag, der Nachmittag, der Abend (예외 die Nacht)
  : der Montag, der Dienstag, der Mittwoch, der Donnerstag, der Freitag, der Samstag, der Sonntag
  : der Januar, der Februar, der März, der April, der Mai, der Juni, der Juli, der August, der September, der Oktober, der November, der Dezember
  : der Frühling, der Sommer, der Herbst, der Winter

③ 방위, 기후현상
  : der Osten, der Westen, der Süden, der Norden
  : der Schnee, der Regen, der Sturm, der Wind

④ 알코올 종류
  : der Wein, der Schnaps, der Rum, der Gin (예외 das Bier)

⑤ 자동차 종류
  : der BMW, der VW, der Mercedes, der Audi, der Porsche, der Fiat
  (* 오토바이의 경우는 여성: die BMW, die Honda, die Harley Davidson)

⑥ 어미가 없는 동사 파생명사
  : der Gang(gehen), der Tanz(tanzen), der Sprung(springen),
    der Klang(klingen), der Satz(setzen)

⑦ -er로 끝나는 직업 및 민족 명칭
  : der Lehrer, der Schüler, der Fahrer, der Politiker, der Koreaner,
    der Japaner, der Amerikaner
  (* -in을 덧붙이면 여성형이 됨: die Lehrerin, die Fahrerin, die Koreanerin)

⑧ 기타
  -or : der Doktor, der Direktor, der Diktator, der Motor
        (* das Labor, das Kontor)
  -ling : der Lehrling, der Liebling, der Säugling, der Zwilling
  -ismus : der Idealismus, der Sozialismus, der Faschismus,
           der Rationalismus, der Buddhismus, der Katholizismus
  -el : der Onkel, der Enkel, der Mantel, der Deckel, der Himmel
        (* die Gabel, die Schüssel)
  -en : der Garten, der Ofen, der Braten, der Wagen, der Schaden
        (* 동사 원형의 명사화 형태와 혼동 주의: das Essen, das Rauchen)

Lektion 2   명사

2) 여성명사

① 자연적인 성
: die Frau, die Mutter, die Tochter, die Schwester, die Dame, die Tante

② 나무와 꽃 이름
: die Eiche, die Tanne, die Linde, die Rose, die Nelke, die Tulpe

③ 동사 파생명사 + -t
: die Tat(tun), die Macht(machen), die Fahrt(fahren), die Schrift(schreiben)
(* 본래 동사의 어간이 -t로 끝나는 경우는 예외 : der Tritt 〉 treten, der Ritt 〉 reiten, der Rat 〉 raten)

④ -heit, -keit, -schaft, -ung으로 끝나는 모든 명사
: die Freiheit, die Gesundheit, die Menschheit, die Einsamkeit,
die Sauberkeit, die Freundschaft, die Leidenschaft, die Hoffnung,
die Übung, die Zeitung

⑤ 기타
-e : die Frage, die Lage, die Sprache, die Freude, die Lüge,
die Marmelade, die Garage, die Massage, die Etikette, die Maschine
(* der Kollege, der Kunde, der Käse, das Ende, das Auge)

-ur : die Natur, die Kultur, die Reparatur, die Temperatur

-ei : die Bäckerei, die Metzgerei, die Partei, die Polizei, die Zauberei

-ie : die Demokratie, die Ironie, die Harmonie, die Theorie,
die Phantasie, die Philosophie

-ik : die Grammatik, die Klassik, die Musik, die Politik, die Technik

-ion : die Nation, die Produktion, die Religion, die Station
(* der Spion, das Stadion)

-tät : die Diät, die Identität, die Mentalität, die Nationalität,
die Universität

-enz : die Existenz, die Intelligenz, die Kompetenz, die Konferenz,
die Konkurrenz

Part 1 Grammatik | 문법

3) 중성명사

① 자연적인 성
: das Auto, das Brot, das Buch, das Fahrrad, das Hotel, das Handy

② 동사 원형의 명사화 형태
: das Rauchen, das Leben, das Lesen, das Hören, das Schreiben, das Trinken, das Essen

③ -chen / -lein으로 끝나는 모든 축소명사
: das Brötchen, das Hähnchen, das Mädchen, das Fräulein, das Bächlein

④ -(m)ent, -um으로 끝나는 모든 명사
: das Argument, das Dokument, das Element, das Gymnasium, das Studium, das Zentrum
(* -tum과 혼동 주의 : das König/tum, der Irr/tum, der Reich/tum)

⑤ 기타
-o : das Auto, das Büro, das Foto, das Klo (* die Disko)
-ing : das Jogging, das Meeting, das Training
-ma : das Klima, das Komma, das Thema, das Trauma
　　　(* die Firm/a : lat. -a)
-nis : das Gefängnis, das Verhältnis, das Zeugnis
　　　(* die Erlaubnis, die Kenntnis)

4) 남성 또는 여성명사

일부 명사들 가운데는 동일한 형태에 der, die로 남성과 여성을 구분하는 경우도 있다.

① 분사적 형용사
der/ die Angestellte, der/ die Reisende, der/ die Abgeordnete

② -i로 끝나는 축약어
der/ die Promi (= Prominente), der/ die Azubi (= Auszubildende), der/ die Ossi (= Ostdeutsche), der/ die Wessi (= Westdeutsche)

Lektion 2 명사

③ -mann / -frau

　der Kaufmann/ die Kauffrau, der Fachmann/ die Fachfrau

2 명사의 복수형

독일어 명사의 복수형은 대개 단수형에 일정한 어미를 첨가하여 이루어진다. 첨가된 어미의 유형에 따라 몇 가지의 형태로 나뉘며, 각각의 형태에 어간의 모음이 a, o, u일 경우 변모음을 하는 것도 있고, 하지 않는 것도 있다. 변모음에 따른 규칙은 일정하지 않다. 예를 들어 der Apfel의 복수형은 die Äpfel로 변모음을 하는데 반해 der Maler의 경우는 die Maler로 변모음을 하지 않는다.

1) 무변화형 (··) –

단수형에 복수 어미가 첨가되지 않는 경우

① 남성명사

: -er, -en, -el로 끝나는 명사**.** 특히 가족이나 직업명칭**.**

der Lehrer - die Lehrer, der Schüler - die Schüler, der Vater - die Väter, der Bruder - die Brüder, der Onkel - die Onkel, der Enkel - die Enkel, der Mantel - die Mäntel, der Apfel - die Äpfel, der Garten - die Gärten

② 여성명사

: die Mutter - die Mütter, die Tochter - die Töchter

③ 중성명사

: -er, -en, -el, -chen, -lein으로 끝나는 명사

das Fenster - die Fenster, das Wappen - die Wappen, das Segel - die Segel, das Mädchen - die Mädchen, das Röslein - die Röslein

: 동사원형의 명사화 형태

das Essen - die Essen, das Rennen - die Rennen

Part 1 Grammatik | 문법

2) E형 (··) -e

단수형에 복수어미 -e가 첨가되는 경우

① 남성명사

: 대부분의 단음절 명사

der Tag - die Tage, der Zug - die Züge, der Sohn - die Söhne, der Freund - die Freunde

: 신체의 일부, 동물 명칭

der Arm - die Arme, der Fuss - die Füsse, der Kopf - die Köpfe, der Zahn - die Zähne, der Hund - die Hunde, der Fisch - die Fische, der Fuchs - die Füchse

: -ig, -ich, ling으로 끝나는 명사

der König - die Könige, der Teppich - die Teppiche, der Lehrling - die Lehrlinge

② 여성명사

: 단음절 명사

die Nacht - die Nächte, die Hand - die Hände, die Brust - die Brüste, die Stadt - die Städte, die Wand - die Wände

③ 중성명사

: 단음절 명사

das Bein - die Beine, das Heft - die Hefte, das Jahr - die Jahre, das Spiel - die Spiele

: -ment, -at, -nis로 끝나는 명사

das Argument - die Argumente, das Element - die Elemente, das Zitat - die Zitate, das Referat - die Referate, das Zeugnis - die *Zeugnisse

(* -nis로 끝나는 명사의 경우 복수형에 -s-첨가 : Geheimnis-Geheimnisse, Verhältnis-Verhältnisse)

Lektion 2 — 명사

3) (E)N형 -(e)n

단수형에 복수어미 -(e)n이 첨가되는 경우

① 남성명사
: *n*-격변화에 해당하는 모든 명사(* 23페이지 참조)
   der Bote - die Boten, der Junge - die Jungen, der Franzose - die Franzosen, der Student - die Studenten

② 여성명사
: 대부분의 여성명사
   die Frau - die Frauen, die Tasche - die Taschen, die Nation - die Nationen, die Tafel - die Tafeln, die Übung - die Übungen, die Universität - die Universitäten

: -in으로 끝나는 여성 직업 또는 신분.
   die Lehrerin - die Lehrerinnen, die Schülerin - die Schülerinnen, die Studentin - die Studentinnen, die Freundin - die Freundinnen
   (* 복수형에 -n-첨가 주의)

③ 중성명사
: 남성과 여성명사에 비해 극히 소수만 나타남.
   das Ende - die Enden, das Hemd - die Hemden, das Ohr - die Ohren

4) ER형 (¨) -er

단수형에 복수어미 -er가 첨가되는 경우

① 남성명사
: 소수의 단음절
   der Geist - die Geister, der Mann - die Männer, der Wald - die Wälder, der Irrtum - die Irrtümer

② 중성명사
: 다수의 단음절
   das Buch - die Bücher, das Kind - die Kinder, das Feld - die Felder, das Ei - die Eier, das Haus - die Häuser, das Wort - die Wörter
   (* 여성명사 없음.)

Part 1   Grammatik | 문법

5) 기타

① -s

: 주로 외래어 중성명사

das Auto - die Autos, das Foto - die Fotos, das Kino - die Kinos, das Taxi - die Taxis, das Team - die Teams

: -i로 끝나는 축약어

der/ die Promi - die Promis, der/ die Azubi - die Azubis

② -um/ -en

: das Datum - die Daten, das Museum - die Museen, das Studium - die Studien

③ -ma/ -men

: die Firma - die Firmen/ das Thema - die Themen

④ 항상 복수명사

: 단수형 없이 항상 복수로만 쓰이는 명사

die Eltern, die Leute, die Ferien

3 명사의 격변화

독일어의 명사는 주격, 소유격, 여격, 목적격으로 나타낼 수 있으며, 명사 앞에서 성을 나타내는 der, die, das가 격변화 표지로도 쓰인다.

> 1격 : 주격 – N. (Nominativ) ... 은, 는, 이, 가
> 2격 : 소유격 – G. (Genitiv) ... – 의
> 3격 : 여격 – D. (Dativ) ... – 에게
> 4격 : 목적격 – A. (Akkusativ) ... – 을, 를

1) 관사 (Artikel)

① 정관사 (Der bestimmte Artikel)

: 정관사 der, die, das는 명사 앞에서 성과 수와 격을 나타내고 의미적으로도 일정한 기능을 지닌다. 즉, 지칭하는 대상이 뚜렷하거나 대화상에서 이미 언급되었던 대상일 경우에 쓰이며, 변화형은 다음과 같다.

Lektion 2   명사

성·수 격	단수			복수
	남성	여성	중성	
1. 주격 (N)	der	die	das	die
2. 소유격 (G)	des	der	des	der
3. 여격 (D)	dem	der	dem	den
4. 목적격 (A)	den	die	das	die

② 부정관사 (Der unbestimmte Artikel)

: 부정관사는 정관사와 마찬가지로 명사 앞에서 성, 수, 격을 나타내지만, 정관사와 의미적인 기능면에서 다르게 쓰인다. 즉, 부정관사는 지칭하는 대상이 일반적인 것이거나 하나의 의미를 지닐 때, 혹은 대화상에서 처음으로 언급되는 대상일 경우에 쓰이며, 변화형은 다음과 같다.

성·수 격	단수			복수
	남성	여성	중성	
1. 주격 (N)	ein	eine	ein	없음
2. 소유격 (G)	eines	einer	eines	
3. 여격 (D)	einem	einer	einem	
4. 목적격 (A)	einen	eine	ein	

> **Tipp!**
>
> ▶ 정관사 또는 부정관사?
>
> 관사는 명사 앞에서 일정한 의미기능을 지닌다. 정관사는 지칭하는 대상이 일정하게 정해져 있는 경우에 사용하며, 부정관사는 지칭하는 대상이 일정치 않거나 일반적인 경우, 또는 '하나'의 의미를 나타낼 때 쓰인다. 달리 설명하면, 대개 일정한 텍스트나 대화에 있어서 처음 등장하는 대상에 대해서는 부정관사를 사용하고, 이미 언급된 대상은 정관사를 사용한다.
>
> Das Buch gehört mir. 그 책은 내 것이다.
> Ich suche einen Job. 나는 일자리를 구하고 있습니다.
> Ich habe einen Hund. Der Hund bellt immer laut.
> 나는 개를 한 마리 키우고 있다. 그 개는 항상 시끄럽게 짖는다.

Part 1 Grammatik | 문법

> **Tipp!**
>
> ▶ 무관사
> 다음과 같은 명사들은 홀로 쓰일 경우(수식어가 있을 때에는 예외) 관사를 수반하지 않는다.
> - 직업이나 신분, 국적, 종교 : Er ist Arzt.(Er ist ein guter Arzt.)/ Ich bin Student./ Ich bin Koreaner./ Er ist Christ.
> - 물질명사 : Ich esse gern Brot./ Man braucht Luft und Wasser./ Der Ring ist aus Gold.
> - 추상명사 : Ich habe Hunger und Durst./ Ich habe Angst./ Haben Sie Zeit?

2) 명사변화 규칙

① 일반적인 명사변화 규칙
- 남성, 중성 명사 단수 2격에 -(e)s
- 여성명사 무변화
- 복수 3격에 -(e)n

	남성	여성	중성	복수
N.	der/ ein Vater	die/ eine Mutter	das/ ein Buch	die/ *- Kinder
G.	des/ eines Vater**s**	der/ einer Mutter	des/ eines Buch**es**	der/ - Kinder
D.	dem/ einem Vater	der/ einer Mutter	dem/ einem Buch	den/ - Kinder**n**
A.	den/ einen Vater	die/ eine Mutter	das/ ein Buch	die/ - Kinder

＊ 부정관사에 해당하는 복수형은 없으므로, 관사없이 복수명사만 쓰임.

> **Tipp!**
>
> ▶ 부정관사의 복수형
> 부정관사의 경우 '하나'의 의미를 지니므로 복수형이 있을 수 없다. 그러나 의미상 특정하지 않은 대상에 대한 복수형이 필요한 경우가 있으며 이때는 관사없이 명사 복수형만을 쓴다. 특히 복수 2격인 경우 '전치사 von + 복수 3격 명사'로 표현한다.
>
> Kinder fragen immer viel. (보통) 아이들은 항상 질문이 많다.
> Ich höre den Gesang eines Kindes. 나는 어떤/한 아이의 노래를 듣고 있다.
> Ich höre den Gesang von Kindern. (○) 나는 (어떤) 아이들의 노래를 듣고 있다.
> Ich höre den Gesang Kinder. (×)

Lektion 2   명사

1격 **Der Mann** hat einen Sohn. 그 남자는 아들이 있다.
2격 Der Sohn **des Mannes** ist Student. 그 남자의 아들은 대학생이다.
3격 Der Sohn schenkt **dem Mann** ein Buch.
　　그 아들은 그 남자에게 책을 한권 선물한다.
4격 Der Sohn liebt **den Mann**. 그 아들은 그 남자를 사랑한다.

> 명사의 2격 형태는 피수식어 뒤에 위치하는 것이 일반적이나, 피수식어 앞에도 올 수 있으며 (이때 피수식어의 관사는 생략), 전치사 von + 3격으로 쓰일 수도 있다.
> Die Frau des Ministers ist Professorin. 그 장관의 부인은 교수다.
> Des Ministers Frau ist Professorin.
> Die Frau von dem Minister ist Professorin.

② *n*-격변화 (*n*-Deklination)

대다수 명사들의 변화는 ①의 규칙을 따르지만 남성명사 가운데 단수 2격에 -(e)s가 아니라 -en이 따르는 경우가 있다. 이에 해당하는 명사들을 'n-격변화 명사'라고 하며, 이들은 특히 단수 1격을 제외한 2, 3, 4격, 복수 1, 2, 3, 4격 모두 동일하게 변화 한다.

	남성	복수
N.	der Student	die Studenten
G.	des Studenten	der Studenten
D.	dem Studenten	den Studenten
A.	den Studenten	die Studenten

• **-e로 끝나는 모든 남성명사**
사람 : der Junge, der Kollege, der Kunde, der Neffe, der Zeuge
민족명칭 : der Chinese, der Franzose, der Grieche, der Pole, der Russe
동물 : der Affe, der Hase, der Löwe, der Rabe

Part 1 — Grammatik | 문법

- -and/ -ant, -ent, -ist, -oge, -at
  : der Doktorand, der Demonstrant, der Elefant, der Präsident, der Student, der Referent, der Idealist, der Polizist, der Journalist, der Terrorist, der Biologe, der Pädagoge, der Psychologe, der Demokrat, der Diplomat, der Bürokrat

③ 불규칙 변화

일반적인 명사 변화 규칙에도 해당되지 않고 n-격변화에도 해당되지 않는 명사 변화형들도 일부 존재한다.

수	격	Herr	Herz	Name
단수	N. G. D. A.	der Herr des Herrn dem Herrn den Herrn	das Herz des Herzens dem Herzen das Herz	der Name des Namens dem Namen den Namen
복수	N. G. D. A.	die Herren der Herren den Herren die Herren	die Herzen der Herzen den Herzen die Herzen	die Namen der Namen den Namen die Namen

Lektion 3 동사 (Verb)

독일어의 모든 동사원형(Infinitiv)은 -en이나 -n으로 끝난다: komm**en**, sag**en**, handel**n**, wander**n**. 이때 komm-, sag-, handel-, wander- 등을 동사어간(Stamm)이라 하고, -en, -n을 동사어미(Endung)라고 한다. 이들 동사는 주어의 인칭과 수에 따라, 즉 주어가 1인칭, 2인칭, 3인칭인지, 또한 단수인지 복수인지에 따라 변화하며 다음과 같이 세 가지 형태로 구분된다.

- 규칙 변화 : 어간은 변화하지 않고 어미만 인칭에 따라 규칙적으로 변화.
- 불규칙 변화 I : 어미는 규칙변화와 동일하고, 단수 2, 3인칭(너, 그/그녀/그것)에서만 일정하게 어간 모음이 변화.
- 불규칙 변화 II : 일정한 규칙 없이 어간과 어미가 모두 변화.

동사변화의 구분은 어간형의 변화 유무에 따라 약변화 동사와 강변화 동사로 분류하기도 한다. 즉, 어간모음은 변화하지 않고 어미만 변하는 규칙 변화를 약변화 동사라 하고, 어미변화 외에 어간모음도 변화하는 불규칙 변화 I, II를 강변화 동사라고도 한다.

1 규칙변화 동사

인칭	어미	kommen	fragen	gehen	1)finden	antworten	2)reisen	sitzen	3)handeln
ich 나	-e	komme	frage	gehe	finde	antworte	reise	sitze	handle
du 너	-st	kommst	fragst	gehst	findest	antwortest	reist	sitzt	handelst
er/sie/es 그/그녀/그것	-t	kommt	fragt	geht	findet	antwortet	reist	sitzt	handelt
wir 우리	-en	kommen	fragen	gehen	finden	antworten	reisen	sitzen	handeln
ihr 너희	-t	kommt	fragt	geht	findet	antwortet	reist	sitzt	handelt
sie 그(것)들	-en	kommen	fragen	gehen	finden	antworten	reisen	sitzen	handeln
Sie 당신(들)	-en	kommen	fragen	gehen	finden	antworten	reisen	sitzen	handeln

1) 어간이 -d, -t외에 -n(rechnen), -m(atmen)으로 끝나는 동사들은 du, er/sie/es, ihr 에서 발음상의 편의를 위해 -e-를 첨가한다.

Part 1 Grammatik | 문법

2) 어간이 -s, -z, -ß로 끝나는 동사들은 du에서 중복음을 피하기 위해 -t만 첨가하고, 이로써 du와 er/sie/es의 동사형이 동일한 형태를 이루게 된다.

3) 어간이 -eln으로 끝나는 동사들은 ich에서 어간의 -e-를 삭제한다. 즉, 어간 handel- 에 어미 -e가 결합하면 handele가 되어야 하지만 어간, 즉 앞의 -e-를 탈락시켜서 handle라고 한다 : angeln(ich angle, du angelst), basteln(ich bastle, du bastelst)

❷ 불규칙 변화 동사 Ⅰ

인칭	어간모음 변화		
	1) a → ä	2) e(단음) → i	3) e(장음) → ie
	fahren	helfen	sehen
ich	fahre	helfe	sehe
du	**fährst**	**hilfst**	**siehst**
er/sie/es	**fährt**	**hilft**	**sieht**
wir	fahren	helfen	sehen
ihr	fahrt	helft	seht
sie	fahren	helfen	sehen
Sie	fahren	helfen	sehen

1) **fallen**(ich falle, du fällst, er fällt), **fangen**(du fängst, er fängt), **lassen**(du lässt, er lässt), **laufen**(du läufst, er läuft), **schlafen**(du schläfst, er schläft)...

   * 어간이 -d나 -t로 끝나는 규칙변화 동사들은 -e-를 첨가하는데 반해, 어간의 모음이 변하는 경우는 발음이 불편하더라도 -e-를 첨가하지 않는다. 이 경우 er와 같은 3인칭 단수형에서 -t-의 중복현상을 피하기 위해 -t를 첨가하지 않는다. 그러나 어간의 모음이 변하지 않는 ihr의 형태는 -e-를 첨가한다 : halten(du hältst, er hält, ihr haltet), laden(du lädst, er lädt, ihr ladet)

2) **essen**(du isst, er isst), **sprechen**(du sprichst, er spricht), **sterben**(du stirbst, er stirbt), **treffen**(du triffst, er trifft), **vergessen**(du vergisst, er vergisst)...

3) **lesen**(du liest, er liest), **stehlen**(du stiehlst, er stiehlt)...

Lektion 3 동사

3 불규칙 변화 동사 Ⅱ

인칭	sein	haben	werden	*geben	*nehmen	*treten	wissen
ich	bin	habe	werde	gebe	nehme	trete	weiß
du	bist	hast	wirst	gibst	nimmst	trittst	weißt
er/sie/es	ist	hat	wird	gibt	nimmt	tritt	weiß
wir	sind	haben	werden	geben	nehmen	treten	wissen
ihr	seid	habt	werdet	gebt	nehmt	tretet	wißt
sie	sind	haben	werden	geben	nehmen	treten	wissen
Sie	sind	haben	werden	geben	nehmen	treten	wissen

* 〈불규칙 변화 Ⅰ〉과 혼동할 수 있으나, 어간 모음 e가 장음임에도 단수 2인칭과 3인칭에서 단음 i로 변화.

Lektion 4 인칭대명사 (Personalpronomen)

독일어의 인칭대명사는 단수 1인칭(ich 나), 복수 1인칭(wir 우리), 단수 2인칭(du, Sie 너, 당신), 복수 2인칭(ihr, Sie 너희들, 당신들), 단수 3인칭(er, sie, es 그, 그녀, 그것), 복수 3인칭(sie 그들, 그것들)으로 구분된다. 독일어의 인칭대명사들 가운데 특히 2인칭은 친칭(du, ihr 너, 너희들)과 존칭(Sie 당신, 당신들)으로 나뉘며, 존칭형은 항상 대문자로 쓰인다. 그밖에 다른 인칭대명사들은 문장 맨 앞에 쓰이는 경우를 제외하고는 항상 소문자로 쓰인다.

1 인칭대명사의 형태

	나	너	그	그녀	그것	우리	너희	그(것)들	당신(들)
1. 주격 (…은/는)	ich	du	er	*sie	es	wir	ihr	sie	Sie
2. 소유격 (…의)	meiner	deiner	seiner	ihrer	seiner	unser	euer	ihrer	Ihrer
3. 여격 (…에게)	mir	dir	ihm	ihr	ihm	uns	euch	ihnen	Ihnen
4. 목적격 (…을/를)	mich	dich	ihn	sie	es	uns	euch	sie	Sie

* sie와 같이 여러 인칭대명사에 동일한 형태로 쓰이는 경우에는 동사형이나 문맥에 따라 구분해야 한다. 즉, 단수 '그녀'와 '그(것)들'은 동사형으로 구분이 가능하며, 주격과 목적격에 따른 구분은 문맥에 따라 판단한다.

Tipp!
▶ 인칭대명사 가운데 1인칭(ich, wir)과 2인칭(du, ihr, Sie)은 사람만을 나타내고, 3인칭은 사람 또는 사물을 지칭한다. 특히 3인칭 대명사는 의미상의 기준이 아니라 문법적인 성을 기준으로 함에 주의해야 한다. 예를 들어 der Tisch(책상)의 경우, 이를 대명사로 전환할 때 의미상으로는 '그것'에 해당하지만 남성명사인 점을 기준으로 하여 'er'로 하고 해석은 '그것'으로 한다. 반면에 das Mädchen(소녀)의 경우는 의미상으로는 '그녀'이지만 형태상으로는 중성명사이기에 'es'로 대신한다. 여성 명사의 경우 역시 die Studentin(여대생)은 형태와 의미가 일치하여 'sie(그녀)'이지만 die Tasche(가방)는 형태는 'sie'로 하고 '그것'으로 해석한다.

Der Mann ist alt. → Er ist alt. 그는 늙었다.
Der Mantel ist alt. → Er ist alt. 그것은 낡았다.

Lektion 4 인칭대명사

1) 1격

Peter ist Student. *Er* studiert Jura.
페터는 대학생이다. 그는 법학을 전공한다.

Der Tisch ist sehr praktisch. Aber *er* ist zu alt.
그 책상은 매우 실용적이다. 하지만 그것은 너무 낡았다.

Ich treffe morgen eine Frau. *Sie* sucht eine Arbeitsstelle.
나는 내일 한 여자를 만날 것이다. 그녀는 일자리를 구하고 있다.

2) 2격

인칭대명사 2격은 소유격이긴 하지만 소유의 의미를 나타내지 않는다. 독일어에서 소유의 의미는 인칭대명사가 아니라 소유대명사로 나타낸다. 인칭대명사 2격은 문법적으로 2격이 필요한 경우에만 드물게 사용되어 그 쓰임이 많지 않다.

Ich gedenke immer *seiner*. 나는 항상 그를 생각한다.

* '…를 회상하다, 생각하다'의 뜻을 지니는 gedenken 동사는 의미상으로는 4격 목적어를 수반해야 하지만 문법적으로 반드시 2격과 결합하는 2격 지배 동사이므로 'er 그'라는 의미를 지닌 인칭대명사 2격 형태 seiner를 취한다.

Statt *ihrer* suche ich ein Zimmer. 그녀 대신에 내가 방을 구할 것이다.

* statt는 '…대신에'라는 뜻의 2격 지배 전치사.

3) 3격

Ich habe einen Freund. Ich schenke *ihm* ein Buch.
나는 남자친구가 있다. 나는 그에게 책을 한권 선물할 것이다.

Ich zeige *dir* ein Foto. 내가 너에게 사진 한 장을 보여줄게.

Sie erzählt *uns* immer ein Märchen. 그녀는 우리에게 항상 동화를 들려준다.

4) 4격

Ich liebe *dich*. 나는 너를 사랑한다.

Herr Müller arbeitet fleißig. Der Chef lobt *ihn*.
뮐러씨는 성실하게 일을 한다. 사장은 그를 칭찬한다.

Deutsche Grammatik

Part 1 Grammatik | 문법

2 인칭대명사의 위치

3격, 4격 순서대로 나타나는 명사와 달리 대명사의 경우는 4격이 3격보다 항상 우선한다. 대명사와 명사가 나란히 올 경우에는 대명사가 명사 앞에 자리한다.

> 3격 명사 > 4격 명사
> 4격 대명사 > 3격 대명사
> 대명사 > 명사

Der Lehrer gibt ***dem Schüler das Buch***. 그 선생님은 그 학생에게 그 책을 준다.

Der Lehrer gibt ***es ihm***. 그 선생님은 그에게 그것을 준다.

Der Lehrer gibt ***ihm das Buch***. 그 선생님은 그에게 그 책을 준다.

Der Lehrer gibt ***es dem Schüler***. 그 선생님은 그 학생에게 그것을 준다.

3 인칭대명사의 주의해야 할 용법

1) 인칭대명사 und 인칭대명사

Du und ich(= wir) *sind* glücklich. 너와 나는(=우리는) 행복하다.

Du und er(= ihr) *seid* glücklich. 너와 그는(= 너희들은) 행복하다.

Er und sie(= sie) *sind* glücklich. 그와 그녀는(= 그들은) 행복하다.

* ich und du(er, sie, es) = wir
 du und er(sie, es) = ihr
 er und sie(es) = sie

2) 인칭대명사 oder 인칭대명사

Ich oder er *hilft* dem Schüler. 나 또는 그가 그 학생을 도울 거다.

Hilfst du oder er dem Schüler? 너 또는 그가 그 학생을 도울 거니?

* A oder B ⇒ 동사에 가까운 인칭이 동사형 결정

Lektion 4   인칭대명사

3) 친칭 du(너)와 존칭 Sie(당신)

독일어에서 du와 Sie를 구분하는 기준은 일차적으로 연령이 아니라 친분관계에 따라 정해진다. 대개 가족이나 가까운 친척, 친구들, 어린아이들에게는 나이와 상관없이 du를 사용하며, 그밖에 처음 만난 사람끼리, 혹은 아직 친하지 않은 사이인 경우 Sie를 사용한다. 그러나 청소년들끼리는 처음 만나는 사이에서도 du를 사용한다. 복수형인 ihr(너희들)과 Sie(당신들)의 쓰임도 이와 동일하다. 존칭 Sie는 항상 대문자로 쓰인다.

<u>Omi</u>, komm<u>st</u> <u>du</u> heute Abend? 할머니, 오늘 저녁에 오실 거예요?

* 독일과 한국의 경어 체계가 다르기 때문에 상호간의 번역과정에서 주의해야 함. 독일에서는 할머니를 du로 칭하지만 한국에서는 할머니를 '너'라고 하면 안되고 존칭으로 옮겨야 함.

<u>Herr Müller</u>, haben <u>Sie</u> jetzt Zeit? 뮐러씨, 지금 시간 있으세요?

<u>Peter</u>, ha<u>st</u> <u>du</u> jetzt Zeit? 페터, 지금 시간 있니?

4 전치사 + 인칭대명사

1) 전치사 + 사람(동물) ⇒ 전치사 + 인칭대명사

Warten Sie *auf den Freund*? - Ja, ich warte *auf ihn*.
당신은 친구를 기다립니까? - 네, 저는 그를 기다립니다.

Fährt er *mit der Mutter*? - Ja, er fährt *mit ihr*.
그는 어머니와 함께 갑니까? - 네, 그는 그녀와 함께 갑니다.

2) 전치사 + 사물 ⇒ da(r) + 전치사

Warten Sie *auf den Zug*? - Ja, ich warte *darauf*.
당신은 기차를 기다립니까? - 네, 저는 그것을 기다립니다.

Fährt er *mit dem Bus*? - Ja, er fährt *damit*.
그는 버스를 타고 갑니까? - 네, 그는 그것을 타고 갑니다.

Lektion 5 소유관사 (Possessivartikel)

1 소유관사의 형태

독일어에서 소유의 의미를 나타내는 것은 소유관사와 소유대명사(Possessivpronomen)로 나눌 수 있다. 소유관사는 '**나의...**', '**너의...**'와 같이 명사 앞에서 부가어적으로 쓰이는 경우를 지칭하며, 소유대명사는 '**나의 것**', '**너의 것**' 등과 같이 대명사로 쓰이는 경우를 말한다. 이들은 인칭대명사의 2격과 형태상으로 매우 유사하다.

인칭	소유관사	vgl.
ich	mein	meiner ⇒ mein
du	dein	deiner ⇒ dein
er	sein	seiner ⇒ sein
sie	ihr	ihrer ⇒ ihr
es	sein	seiner ⇒ sein
wir	unser	***unser ⇒ unser**
ihr	euer	**euer ⇒ euer**
sie	ihr	ihrer ⇒ ihr
Sie	Ihr	Ihrer ⇒ Ihr

* unser와 euer를 제외한 다른 소유관사는 인칭대명사 2격 형태에서 **-er**를 생략한 것과 같음.

2 소유관사의 어미변화

독일어에서 명사를 수식하는 모든 부가어들은 형용사를 비롯하여 일정하게 어미변화를 하는데, 소유관사 역시 뒤따르는 명사의 성과 수, 격에 따라 어미변화를 한다. 이때 소유관사의 변화 어미는 부정관사 어미와 동일하여 부정관사류로 분류된다.

부정관사류

부정관사류란 부가어적으로 명사를 수식할 경우 부정관사 어미처럼 변화하는 것을 지칭하며, 부정관사 어미란 부정관사에서 *ein*-을 제외한 나머지임.
: 소유관사(mein, dein, sein...), 부정사 kein
: mein Mann(m.)/ mein Buch(n.)/ meine Tasche(f.)/ meine Kinder(pl.)
 kein Mann(m.)/ kein Buch(n.)/ keine Tasche(f.)/ keine Kinder(pl.)

Lektion 5 — 소유관사

m.	n.	f.	*pl.
ein-	ein-	eine	die
eines	eines	einer	der
einem	einem	einer	den
einen	ein-	eine	die

* 부정관사류가 복수명사를 수식하는 경우, 부정관사의 복수형이 없는 관계로 정관사의 어미를 빌려옴.

m.	n.	f.	*pl.
mein-	mein-	meine	meine
meines	meines	meiner	meiner
meinem	meinem	meiner	meinen
meinen	mein-	meine	meine

Tipp!

▶ 정관사류

부가어적으로 명사를 수식할 경우 정관사 어미처럼 변화하는 것. 정관사 어미란 정관사에서 d-를 제외한 나머지.

: dies-(이-), jen-(저-), solch-(그와 같은-)

: dieser Mann(m.)/ dieses Buch(n.)/ diese Tasche(f.)/ diese Kinder(pl.)

m.	n.	f.	pl.
der / dieser	*d(e)s / dieses	die / diese	die / diese
des / dieses	des / dieses	der / dieser	der / dieser
dem / diesem	dem / diesem	der / dieser	den / diesen
den / diesen	*d(e)s / dieses	die / diese	die / diese

* 정관사는 das이지만 어미로 쓰일 경우에는 -as가 아닌 -(e)s로 변함.
* 밑줄 친 세 개를 제외하고 나머지는 모두 부정관사 어미와 같음. 따라서 관사류는 어미변화가 대부분 한 가지 형태이며, 정관사류인지 부정관사류인지를 명확히 구분해야 하는 것은 남성 1격, 중성 1, 4격 뿐이다.

Deutsche Grammatik • 33

| Part 1 | Grammatik | 문법 |

3 소유관사의 쓰임

1) 부가어적 용법

소유관사는 명사 앞에서 부가어적으로 쓰일 경우 부정관사 어미변화를 한다. (단, 복수에서는 정관사 어미변화를 함.)

	남성	여성	중성	복수
N.	ein Vater	eine Mutter	ein Buch	die Kinder
G.	eines Vaters	einer Mutter	eines Buches	der Kinder
D.	einem Vater	einer Mutter	einem Buch	den Kindern
A.	einen Vater	eine Mutter	ein Buch	die Kinder
N.	ihr Vater	ihre Mutter	ihr Buch	ihre Kinder
G.	ihres Vaters	ihrer Mutter	ihres Buches	ihrer Kinder
D.	ihrem Vater	ihrer Mutter	ihrem Buch	ihren Kindern
A.	ihren Vater	ihre Mutter	ihr Buch	ihre Kinder

1격

Mein Freund wohnt in Seoul. 내 친구는 서울에 산다.

Seine Frau ist sehr nett. 그의 아내는 매우 친절하다.

Ihr Auto ist kaputt. 그녀의 자동차는 고장이 났다.

Wo sind *deine Eltern*? 너의 부모님은 어디 계시니?

2격

Das Haus *meines Vaters* liegt auf dem Land. 내 아버지의 집은 시골에 있다.

Er schenkt den Eltern *seiner Freundin* ein Bild.
그는 여자 친구의 부모님께 그림을 선물한다.

Die Bremse *meines Autos* funktioniert nicht.
내 자동차의 브레이크가 작동하지 않는다.

Die Schule *meiner Kinder* ist nicht weit von unserer Wohnung.
내 아이들의 학교는 우리 집에서 멀지 않다.   → von 3격 전치사 '…로부터'

Lektion 5 　　소유관사

> **3격**

Ich helfe *meinem Freund*. 나는 내 친구를 돕는다.(*helfen은 항상 3격 결합동사)
Er bekommt von *seiner Mutter* Taschengeld. 그는 어머니로부터 용돈을 받는다.
Sie gibt *ihrem Kind* Bonbons. 그녀는 그녀의 아이에게 사탕을 준다.
Ich schreibe *meinen Eltern* einen Brief. 나는 부모님께 편지를 쓴다.

> **4격**

Die Frau liebt *ihren Mann*. 그 여자는 남편을 사랑한다.
Wir besuchen *unsere Großmutter*. 우리는 할머니를 만나러 간다.
Er sucht *sein Fahrrad*. 그는 그의 자전거를 찾고 있다.
Der Arzt untersucht *seine Patienten*. 그 의사는 환자들을 진찰한다.

2) 술어적 용법 ː 주어의 성·수가 분명할 때 쓰이며, 어미변화 하지 않음.

Der Mantel ist *mein*. 그 외투는 나의 것이다.
Das Hemd ist *dein*. 그 셔츠는 너의 것이다
Die Tasche ist *ihr*. 그 가방은 그녀의 것이다.

❹ 소유대명사　소유대명사는 소유관사와 명사의 결합형으로 주로 주어의 성·수가 분명하지 않을 때 쓰이며, 소유관사와 달리 정관사 어미변화를 한다.

Wem gehört der Mantel? - Das ist *mein**er***.
그 외투는 누구의 것이니? - 그것은 내 것이다.

Wem gehört die Tasche? - Das ist *mein**e***.
그 가방은 누구의 것이니? - 그것은 내 것이다.

Wem gehört das Handy? - Das ist *mein**s***.
그 핸드폰은 누구의 것이니? - 그것은 내 것이다.

Wem gehören die Bücher? - Das sind *mein**e***.
그 책들은 누구의 것이니? - 그것은 내 것이다.

Deutsche Grammatik

Lektion 6 동사의 3요형 (Formenbildung)

동사의 현재형과 과거형, 과거분사형을 일컬어 동사의 3요형이라 한다. 독일어 동사의 과거와 과거분사형은 규칙적으로 변화하는 것과 불규칙적으로 변화하는 것이 있다. 이를 규칙 변화(약변화) 혹은 불규칙 변화(강변화)형이라 한다. 규칙변화 동사는 원형의 어간에 **-te**를 첨가하고 과거분사형에서는 어간의 앞, 뒤로 **ge-**와 **-t**를 첨가한다. 불규칙 변화 동사는 어떠한 규칙도 없이 임의적으로 정해진 형태를 지닌다. 보통 어떤 동사가 규칙변화인지 불규칙변화인지에 대한 구분기준은 없다.

1 규칙변화 동사(약변화)

예) kaufen : kauf(어간) + -en(어미)

현재(원형)	과거	과거분사
어간 + -en	어간 + -te	ge + 어간 + -t
kauf-**en**	kauf-**te**	**ge**-kauf-**t**
lernen	lernte	gelernt
machen	machte	gemacht
sagen	sagte	gesagt
*arbeiten	arbeitete	gearbeitet
*regnen	regnete	geregnet
*reden	redete	geredet
*atmen	atmete	geatmet

* 발음 편의를 위해 어간이 -d, -m, -n, -t로 끝나는 경우에는 arbei**te**te, gearbei**tet**와 같이 과거형과 과거분사형에서 -e- 첨가.

* -ieren으로 끝나는 동사는 과거분사형에서 ge-를 생략함.
studieren - studierte - studiert
interessieren - interessierte - interessiert
probieren - probierte - probiert

Lektion 6   동사의 3요형

2 불규칙변화 동사(강변화)

현재(원형)	과거	과거분사
sein	war	gewesen
haben	hatte	gehabt
werden	wurde	geworden
kommen	kam	gekommen
gehen	ging	gegangen
wissen	wusste	gewusst

※ 불규칙 동사형은 어간 모음의 변화형에 따라 대개 다음과 같이 세 가지 유형으로 분류 가능함.

1 - 2 - 1

a - i - a : f**a**ngen - f**i**ng - gef**a**ngen/ empfangen - empfing - empfangen
a - ie - a : h**a**lten - h**ie**lt - geh**a**lten/ schlafen - schlief - geschlafen
a - u - a : f**a**hren - f**u**hr - gef**a**hren/ laden - lud - geladen
e - a - e : **e**ssen - **a**ß - geg**e**ssen/ geben - gab - gegeben/ lesen - las - gelesen

1 - 2 - 2

ei - i - i : schn**ei**den - schn**i**tt - geschn**i**tten/ reiten - ritt - geritten
ei - ie - ie : bl**ei**ben - bl**ie**b - gebl**ie**ben/ schreiben - schrieb - geschrieben
ie - o - o : fl**ie**gen - fl**o**g - gefl**o**gen/ ziehen - zog - gezogen

1 - 2 - 3

e - a - o : h**e**lfen - h**a**lf - geh**o**lfen/ nehmen - nahm - genommen/ sprechen - sprach - gesprochen
i - a - o : beg**i**nnen - beg**a**nn - beg**o**nnen/ schwimmen - schwamm - geschwommen
i - a - u : f**i**nden - f**a**nd - gef**u**nden/ trinken - trank - getrunken

Part 1 Grammatik | 문법

3 동사의 과거인칭 변화

동사의 현재 인칭변화형과 마찬가지로 과거형 역시 인칭에 따라 일정하게 어미변화를 한다.

	현재 인칭변화 어미		과거 인칭변화 어미	
ich	*-e*	komme	-	*kam
du	*-st*	kommst	*-st*	kamst
er/sie/es	*-t*	kommt	-	*kam
wir	*-en*	kommen	*-en*	kamen
ihr	*-t*	kommt	*-t*	kamt
sie	*-en*	kommen	*-en*	kamen
Sie	*-en*	kommen	*-en*	kamen

* 1, 3인칭 단수형 외에 현재 인칭변화 어미와 과거 인칭변화 어미는 동일함.

	machte	war	hatte	wurde	ging	wußte
ich	machte	war	hatte	wurde	ging	wusste
du	machtest	warst	hattest	wurdest	gingst	wusstest
er/sie/es	machte	war	hatte	wurde	ging	wusste
wir	machten	waren	hatten	wurden	gingen	wussten
ihr	machtet	wart	hattet	wurdet	gingt	wusstet
sie	machten	waren	hatten	wurden	gingen	wussten
Sie	machten	waren	hatten	wurden	gingen	wussten

Ich hatte keine Zeit. 나는 시간이 없었다.

Der Film war sehr spannend. 그 영화는 정말 재미있었다.

Wir suchten ein Zimmer. 우리는 방을 구하고 있었다.

Was machten Sie gestern Abend? 어제 저녁에 무엇을 하셨습니까?

Wusstest du das nicht? 너 그거 몰랐니?

Lektion 7 분리/비분리 동사
(Trennbare/ untrennbare Verben)

독일어의 동사에는 기본형(예 : kommen, nehmen)과 함께 일정한 전철(Vorsilbe, 예 : an-, mit-)이 결합되는 것들이 있는데, 이때 문장 안에서 기본형 동사와 분리되는 것을 분리 전철이라 하고 분리되지 않는 것을 비분리 전철이라 한다. 또한 분리 전철과 결합된 동사를 분리 동사라 하고, 비분리 전철과 결합된 동사를 비분리 동사라 한다.

분리 동사 ⇒ 분리 전철 + 기본 동사
비분리 동사 ⇒ 비분리 전철 + 기본 동사

1 분리/비분리 동사의 쓰임

분리 동사 분리전철 + 기본 동사	〈áufstehen 일어나다〉 Ich stehe um 8 Uhr auf. 나는 8시에 일어난다. Stehen Sie auf! 일어나세요!
비분리 동사 비분리전철 + 기본 동사	〈verstéhen 이해하다〉 Ich verstehe Sie nicht. 나는 당신을 이해하지 못하겠습니다. Verstehen Sie mich? 저를 이해하시겠습니까?
분리 또는 비분리 동사 분리 또는 비분리전철 + 동사	〈übersétzen 건너가다 / übersétzen 번역하다〉 Er setzte mich ans andere Ufer über. 그는 나를 강건너편으로 데려다 주었다. Ich übersetze den Text ins Koreanische. 나는 그 텍스트를 한국어로 번역한다.

1) 분리 동사

분리 전철 + 기본 동사

분리 동사는 문장에서 전철이 기본 동사에서 떨어져 문장 끝에 위치하며, 강세는 항상 분리 전철에 있다 : ánkommen, éinkaufen

Der Zug *kommt* gleich *an*. 그 기차는 곧 도착한다.
Nach dem Essen *kaufe* ich *ein*. 식사 후에 나는 장을 볼 것이다.

Part 1   **Grammatik | 문법**

분리 전철은 대개 전치사, 부사, 명사 등과 같이 독립적으로 쓰이는 것들로, 이들이 동사와 결합할 경우 각각이 지닌 본래의 의미를 통해 새로이 생겨난 분리 동사의 의미를 유추해낼 수 있다.

mit(...와 함께) + nehmen(...을 취하다) = mitnehmen 가지고 가다
aus(...로부터, 안에서 밖으로) + gehen(가다) = ausgehen 외출하다

2) 비분리 동사

비분리 전철 + 기본 동사

비분리 동사는 문장에서 전철과 기본 동사가 분리되지 않고, 강세는 항상 동사 어간에 있다 : bekómmen, verkáufen

Ich *bekomme* von meinen Eltern Taschengeld. 나는 부모님으로부터 용돈을 받는다.
Er *verkauft* die Waren billig. 그는 물건들을 싸게 판다.

비분리 동사의 경우 전철이 독립적으로 쓰이지 않으며, 기본 동사의 의미와 상당히 멀어져 있다. 이때 비분리 전철은 일련의 의미범주를 형성한다.

missachten(무시하다, achten 존중하다), missbrauchen(악용하다, brauchen 사용하다)
verbrauchen(다 써버리다, brauchen 쓰다), verschlafen(늦잠자다, schlafen 자다)

위의 예에서 miss-는 부정적 의미에서 '착각, 오해, 실패'등 무언가 잘못된 것을 지칭하고, ver-는 기본 동사의 행위가 '완성된 결과'의 의미를 나타낸다.

* 비분리 전철 앞에 다시 또 다른 전철이 결합되기도 한다. 이때 분리, 비분리의 결정은 맨 앞에 있는 전철에 의한다. : ausverkaufen(분리), missverstehen(비분리)

3) 분리 또는 비분리 동사

분리 또는 비분리 전철 + 기본 동사

동일한 전철이 문장 안에서 기본 동사와 분리되는 경우와 비분리 되는 경우가 있다. 이때 분리와 비분리에 따라 의미가 다르게 쓰인다 : wíederholen(가져오다)/ wieder-hólen(반복하다)

Holen Sie das *wieder*! 그것을 다시 가져오세요!
Wiederholen Sie noch einmal! 한 번 더 반복하세요!

Lektion 7 — 분리/비분리 동사

기본적으로 분리/ 비분리 동사의 형성은 분리 전철에 의한다. 즉, 비분리 전철이 분리 전철로 쓰이는 경우는 없으며, 다만 분리 전철 가운데 몇몇이 비분리 되는 경우가 있을 뿐이다.

❷ 분리 동사

1) 분리 전철

전치사 : an-, auf-, aus-, bei-, mit-, nach-, vor-, zu- usw.
부　사 : ab-, da-, ein-, fort-, her-, hin-, los-, weg-, zurück- usw.
형용사 : fern-, fest-, frei-, gut-, hoch-, still- usw.
명　사 : preis-, teil- usw.

2) 분리 동사

kommen/ ankommen 오다 / 도착하다
stehen/ aufstehen 서있다 / 일어서다
fahren/ abfahren 가다 / 출발하다
kommen/ zurückkommen 오다 / 돌아오다
stehen/ stillstehen 서있다 / 가만히 서있다
halten/ festhalten 쥐다 / 꽉 쥐다
nehmen/ teilnehmen 취하다 / 참가하다

3) 과거 및 과거분사형

kommen … an/ kam … an/ ist angekommen
(kommen - kam - ist gekommen)
nehmen … teil/ nahm … teil/ hat teilgenommen
(nehmen - nahm - hat genommen)

* 분리 동사의 과거분사형은 전철과 기본 동사 사이에 **-ge-**가 삽입됨.

❸ 비분리 동사

1) 비분리 전철

be-, ge-, emp-, ent-, ver-, zer-, miss-, er-

Part 1　Grammatik | 문법

2) 비분리 동사	suchen/ besuchen　찾다/ 방문하다
	hören/ gehören　듣다/ ~에 속하다
	fangen/ empfangen　붙잡다/ 받다
	falten/ entfalten　접다/ 펼치다
	stehen/ verstehen　서있다/ 이해하다
	stören/ zerstören　방해하다/ 파괴하다
	hören/ misshören　듣다/ 잘못 듣다
	leben/ erleben　살다/ 경험하다
3) 과거 및 과거분사형	besuchen - besuchte - besucht
	(suchen - suchte - gesucht)
	gedenken - gedachte - gedacht
	(denken - dachte - gedacht)
	verstehen - verstand - verstanden
	(stehen - stand - gestanden)
	*비분리 동사의 과거분사형은 전철 -ge-가 생략됨.

4 분리/ 비분리 동사

1) 분리/ 비분리 전철	durch-, hinter-, über-, um-, unter-, wider-, wieder-
2) 분리/ 비분리 동사	durchlaufen (läuft ... durch) ...을 뚫고 달려가다, (액체가) 스며 나오다, 흘러가다
	durchlaufen (durchläuft) 달리다, 일주하다
	hintergehen (geht ... hinter) ... 뒤로 가다
	hintergehen (hintergeht) 속이다, 기만하다
	überarbeiten (arbeitet ... über) 초과 노동을 하다, 과외로 일하다
	überarbeiten (überarbeitet) 개정하다, 수정보완하다

Lektion 7 — 분리/비분리 동사

umbauen (baut ... um) 개조하다, 구조를 바꾸다
umbauen (umbaut) 건물로 에워싸다

unterhalten (haltet ... unter) 밑에서 받치다
unterhalten (unterhaltet) 유지하다, 부양하다, 환담하다

widerspiegeln (spiegelt ... wider) 반사하다, 반영하다
widersprechen (widerspricht) 항변하다, 이의를 제기하다, 모순되다

wiederholen (holt ... wieder) 다시 가져오다
wiederholen (wiederholt) 반복하다

Tipp!

▶ 분리 동사 구분하는 법

분리 동사와 비분리 동사는 문장에서의 분리 문제 뿐 아니라 과거분사에서도 특별한 형태를 취하기 때문에 구분을 제대로 하지 않을 경우 쓰임에서 많은 오류를 범할 수 있다. 이에 따라 분리 동사인지 비분리 동사인지를 구분하는 것은 매우 중요하다. 우선적으로 분리 동사는 **kommen, gehen, nehmen** 등과 같이 쓰임이 빈번한 기본 동사에 전철이 결합되는 경우가 대부분이다. 분리 전철은 원칙적으로 어떠한 품사의 단어든 상관없이 쓰일 수 있고, 이 때문에 분리 동사는 합성어처럼 의미상 필요할 때마다 즉흥적으로 만들어질 수도 있다. 따라서 독일어에는 수없이 많은 분리 전철과 분리 동사들이 있고, 그 목록은 아직 미완성이라 할 수 있다. 반면에 비분리 전철은 분리 전철처럼 새로이 생겨나지 않고 8개의 형태로 제한되어 있다. 이러한 점을 고려해 볼 때, 소수의 비분리 전철을 암기해둠으로써 다수의 분리 전철들을 구분해 낼 수 있을 것이다. 예를 들어 **weg-nehmen, stattfinden** 에서 weg-과 statt-는 비분리 전철 목록에 해당되지 않으므로 분리 전철이고 이로써 이 동사들은 모두 분리 동사로서 문장에서 분리되어 쓰여야 하는 것임을 알 수 있다.

Lektion 8 동사의 6시제 (Zeitformen)

1 시제 공식

독일어에는 총 6개의 시제(현재, 과거, 미래, 현재완료, 과거완료, 미래완료)가 있다. 이중 현재와 과거시제에서는 본동사가 인칭에 따른 변화만을 할 뿐이며, 그외 다른 시제들은 모두 별도의 조동사를 수반한다. 즉, 미래시제는 미래조동사 werden을 수반하고, 완료시제는 완료조동사 sein 또는 haben을 수반한다. 이들 조동사는 문장 안에서 원래의 본동사 자리(문장에서 주어 다음의 두 번째 자리)에 오고, 본동사는 문장 맨 끝에 위치한다.

현 재 ⇒ 동사의 현재 인칭변화
과 거 ⇒ 동사의 과거 인칭변화
미 래 ⇒ **werden** + 동사원형
현재완료 ⇒ **sein/haben + P.P**
과거완료 ⇒ **war/hatte + P.P**
미래완료 ⇒ **werden + P.P sein/haben**

현 재 ⇒ Der Zug kommt. 기차가 오다.
과 거 ⇒ Der Zug kam. 기차가 왔다.
미 래 ⇒ Der Zug wird kommen. 기차가 올 것이다.
현재완료 ⇒ Der Zug ist gekommen. 기차가 왔다.
과거완료 ⇒ Der Zug war gekommen. 기차가 왔었다.
미래완료 ⇒ Der Zug wird gekommen sein. 기차가 와 있을 것이다.

2 현재 시제

1) 현재 일어나고 있는 일

Was macht deine Mutter? Sie kocht in der Küche.
네 엄마는 무엇을 하고 계시니? 주방에서 요리를 하고 계세요.

Wo wohnen Sie? Ich wohne in Berlin.
당신은 어디에 사십니까? 저는 베를린에 살고 있습니다.

Lektion 8   동사의 6시제

2) 습관적인 일

Was essen Sie gern? Ich esse gern Spaghetti.
당신은 무엇을 즐겨 드십니까? 저는 스파게티를 즐겨 먹습니다.

Was machst du nach dem Abendessen? 너는 저녁식사 후에 무엇을 하니?
Manchmal mache ich einen Verdauungsspaziergang.
이따금씩, 소화시키려고 산책을 해.

3) 불변의 진리

Die Erde ist rund. 지구는 둥글다.

Die Sonne scheint am Tage. 태양은 낮에 빛난다.

4) 시간 부사와 함께 미래의 일

Morgen gehe ich zum Arzt. 내일 나는 병원에 갈 것이다.
* 미래 시제로도 가능 : Morgen werde ich zum Arzt gehen.

Er kommt bald zurück. 그는 곧 돌아올 것이다.

❸ 과거 시제

과거시제는 현재완료 시제와 의미면에서 거의 동일하며, 주로 과거시제가 쓰이는 경우는 다음과 같다.

1) 과거에 일어난 일

주로 문학작품이나 신문기사와 같은 문어체
Es war einmal ein König. 옛날 옛적에 어떤 왕이 있었습니다.

Schnee und Glatteis behinderten den Verkehr. 눈과 빙판길이 교통을 방해했다.

Im Winter 1994 starben plötzlich die Hausgimpel in Washington D.C.
1994년 겨울, 워싱턴 D.C.에서 별안간 피리새들이 죽었다.

2) sein, haben, werden, 화법조동사

Gestern war ich sehr müde. 어제 나는 매우 피곤했다.

Ich hatte viel Arbeit. 나는 할일이 많았다.

Es wurde plötzlich dunkel. 갑자기 날이 어두워졌다.

Ich wollte nur etwas fragen. 나는 그저 무언가를 물어보려 했다.

Ich konnte nicht richtig schlafen. 나는 제대로 잠을 잘 수가 없었다.

Part 1　Grammatik | 문법

4 미래 시제

1) 미래에 일어날 일

Ich werde in Deutschland studieren. 나는 독일에서 공부를 할 것이다.

Er wird mich am Bahnhof abholen. 그가 역으로 나를 데리러 올 것이다.

2) 화자의 추측

간혹 미래에 일어날 사건이나 행위가 불확실 할 경우 'werden + 동사원형'이 쓰일 수 있으며, 이러한 문장은 시간적인 의미보다는 화자의 입장을 나타낸다고 볼 수 있다. 대개 *wohl, vielleicht, wahrscheinlich*등과 함께 쓰임.

Wo ist er? Er wird zu Hause sein.
그가 어디에 있을까? 아마도 집에 있을 것이다.

Sie wird ihn wohl einladen.
그녀는 아마도 그를 초대할 거야.

Er wird vielleicht krank sein.
아마도 그는 아플 것이다.

5 현재완료 시제

1) 과거에 일어난 일

문어체와 구어체 상황 모두 쓰임.

Ich habe Deutsch gelernt. 나는 독일어를 배웠다.

Ich habe nicht gefrühstückt. 나는 아침식사를 하지 않았다.

2) 완료 조동사 sein / haben

일반적으로 동사들은 완료 시제에서 결합하는 완료조동사에 따라 sein 결합동사와 haben 결합동사로 분류할 수 있다. 모든 타동사는 haben 결합동사이며 자동사 가운데 일부만이 sein 결합동사이다.

Lektion 8 — 동사의 6시제

> **sein 결합 동사**

- 장소이동을 뜻하는 동사

  : *fahren, gehen, kommen, laufen, steigen ...

  Gestern ist er nach München gefahren. 그는 어제 뮌헨으로 갔다.

  * fahren이 '운전하다'의 의미를 나타낼 경우에는 타동사가 되어 haben과 결합한다.
    Er hat BMW/ ein Motorrad/ einen Traktor gefahren.

  Mein Bus ist nicht rechtzeitig gekommen. 내가 탈 버스가 제때에 오지 않았다.

- 상태변화를 뜻하는 동사

  : aufstehen, einschlafen, *schmelzen, sterben, wachsen ...

  Sein Vater ist schon gestorben. 그의 아버지는 이미 돌아가셨다.

  Das Eis ist längst geschmolzen. 얼음은 이미 녹았다.

  * 타동사로 쓰일 경우 haben 결합
    Die Sonne hat das Eis geschmolzen. 태양이 얼음을 녹였다.

- sein, bleiben, werden 동사

  Er ist im Ausland gewesen. 그는 해외에 있었다.
  Sie ist Ärztin geworden. 그녀는 의사가 되었다.

- 3격 지배동사 중 일부

  : begegnen, folgen, gelingen, geschehen, passieren

  Ich bin meinem Kollegen zufällig begegnet. 나는 동료를 우연히 만났다.

  Der Hund ist mir gefolgt. 그 개는 나를 따라왔다.

  Mir ist nichts passiert. 나에겐 아무런 일도 일어나지 않았다.

Part 1　Grammatik | 문법

haben 결합 동사

- 모든 타동사는 haben과 결합
  Ich habe das Buch gelesen. 나는 그 책을 읽었다.
  Hast du meine Brille nicht gesehen? 너 내 안경 못 봤니?

- 모든 재귀동사
  Er hat sich gefreut. 그는 기뻐했다.
  Ich habe mich geirrt. 나는 잘못 생각했다.

- 자동사 가운데 sein 결합 동사를 제외한 나머지
  Er hat lange geschlafen. 그는 오래 잠을 잤다.
  Das Konzert hat gerade begonnen. 콘서트가 방금 시작했다.

> **Tipp!**
> ▶ sein od. haben
> 완료조동사로서 sein과 haben이 함께 쓰이는 동사들도 있다. 특히 움직임을 나타내는 sein 결합동사들이 지속성을 지니거나 타동사로 쓰일 때 haben과 결합하기도 한다.
> Ich bin mit dem Auto gefahren. 나는 자동차를 타고 갔다.
> Ich habe das Auto gefahren. 나는 자동차를 운전했다.
> Er ist über einen Fluss geschwommen. 그는 강을 헤엄쳐 건넜다.
> Er hat eine Stunde geschwommen. 그는 한시간 동안 수영을 했다.

6 과거완료 시제

과거보다 이전에 일어난 일. 현재완료시제의 완료조동사 sein과 haben이 war와 hatte로 바뀜.

Gestern war ich sehr müde. Am Abend vorher hatte ich nicht gut geschlafen.
어제 나는 매우 피곤했다. 전날 밤에 나는 잠을 푹 자지 못했었다.

Ich wollte den Zug nehmen. Aber vor fünf Minuten war der Zug bereits abgefahren.
나는 그 기차를 타려고 했다. 하지만 5분전에 그 기차는 이미 출발했다.

Lektion 8   동사의 6시제

7 미래완료 시제

1) 미래에 완료되리라고 예측되는 사건이나 행위

Nächstes Jahr werde ich in Deutschland studiert haben.
내년에 나는 독일에서 공부하고 있을 것이다.

Er wird mich am Bahnhof abgeholt haben.
그가 역으로 나를 마중 나와 있을 것이다.

2) 과거에 일어난 일에 대한 추측

Wo war er? Er wird zu Hause gewesen sein.
그가 어디에 있었을까? 아마도 집에 있었을 것이다.

Hat sie ihren Freund eingeladen? Ja, sie wird ihn wohl eingeladen haben.
그녀가 남자친구를 초대했을까? 그래, 그녀는 아마도 그를 초대했을 거야.

Tipp!

▶ **현재 od. 미래?**
현재형이 경우에 따라 미래의 의미를 나타내는 경우가 있으므로 종종 미래시제와의 구분이 애매할 수 있다. 그 구분이 항상 명확하진 않고 중복되어 쓰일 수도 있지만 대개 미래의 시간을 나타내는 부사가 함께 쓰이면 현재형을 사용한다.

Was machen Sie am Wochenende? 주말에 무엇을 하실 겁니까?

In zwei Wochen mache ich eine Prüfung. 2주 뒤에 나는 시험을 볼 것이다.

▶ **과거 od. 현재완료?**
과거와 현재완료 시제는 독일어에서 둘 다 과거에 일어난 일을 나타낼 때 쓰인다. 그 구분이 항상 명확하진 않지만 대개 과거시제는 문어체와 비교적 예전에 일어난 사건인 경우, 현재완료시제는 문어체와 구어체, 비교적 최근에 일어난 사건인 경우에 쓰이는 것으로 구분할 수 있다.

Ich habe gestern meinen Freund getroffen. Was hast du gemacht?
나는 어제 내 친구를 만났다. 너는 무엇을 했니?

Es war einmal ein König. Der König liebte seine Frau sehr.
옛날 옛적에 어떤 왕이 살았습니다. 그 왕은 부인을 매우 사랑했습니다.

Lektion 9 화법조동사 (Modalverben)

독일어의 화법조동사는 dürfen, können, mögen, müssen, sollen, wollen과 같은 6개로 본동사 원형과 함께 쓰인다. 화법조동사는 이러한 본동사 원형과 주어의 관계 정도에 따라 일정한 의미를 보충하는 기능을 담당한다.

> **können** ... 할 수 있다 (가능성, 능력)
> **müssen** ... 해야 한다 (필연성, 의무)
> **sollen** ... 해야 한다 (당위성, 타인의 의지)
> **wollen** ... 하고자 한다 (화자의 의지)
> **dürfen** ... 해도 좋다 (허락)
> **mögen(möchten)** ... 좋아 한다 (기호/ 소망)

1 화법조동사의 위치

화법조동사는 문장에서 본동사 자리에 위치하고 본동사는 원형으로 바뀌어 문장 맨 끝에 자리한다.

Ich *stehe* um 8 Uhr morgens *auf*. 나는 아침 8시에 일어난다.

Ich *muss* um 8 Uhr morgens *aufstehen*. 나는 아침 8시에 일어나야만 한다.

2 화법조동사의 현재 인칭변화

화법조동사의 인칭 변화형은 1, 3인칭이 동일한 형태를 지니며 어미가 없는 것이 특징이다. 1, 3인칭을 제외한 나머지는 규칙동사의 현재 인칭변화형과 같다.

	können	müssen	sollen	wollen	dürfen	mögen (möchten)
ich	*kann*	*muss*	*soll*	*will*	*darf*	*mag (möchte)*
du	kannst	musst	sollst	willst	darfst	magst (möchtest)
er/sie/es	*kann*	*muss*	*soll*	*will*	*darf*	*mag (möchte)*
wir	können	müssen	sollen	wollen	dürfen	mögen (möchten)
ihr	könnt	müsst	sollt	wollt	dürft	mögt (möchtet)
sie	können	müssen	sollen	wollen	dürfen	mögen (möchten)
Sie	können	müssen	sollen	wollen	dürfen	mögen (möchten)

Lektion 9 — 화법조동사

3 화법조동사의 의미

1) können

① 능력 및 가능성 (… 할 수 있다)

Ich kann Deutsch sprechen. 나는 독일어를 말할 수 있다.

Mein fünfjähriger Sohn kann bereits lesen.
내 다섯짜리 아들은 벌써 글을 읽을 수 있다.

Sie kann heute nicht singen. Sie hat Grippe.
그녀는 오늘 노래를 할 수가 없다. 그녀는 독감에 걸렸다.

An dieser Tankstelle kann man keine Brötchen kaufen.
이 주유소에서는 빵을 살 수가 없다.

Meine Freundin kann nicht kochen. Sie hat kein Talent zum Kochen.
내 여자 친구는 요리를 못한다. 그녀는 요리에 재능이 없다.

② 허락 (… 해도 된다)

Du kannst jetzt draußen spielen. 너는 지금 밖에 나가 놀아도 된다.

Du kannst hier nicht bleiben. 너는 여기 있으면 안 된다.

2) dürfen

① 허락 (… 해도 된다)

Du darfst heute ins Kino gehen.
너는 오늘 극장에 가도 된다.

Auf dem Parkplatz darf man nur eine Stunde parken.
주차장에 1시간 주차를 해도 된다.

Mama, darf ich kurz ein Computerspiel spielen?
엄마, 잠깐 컴퓨터 게임을 해도 돼요?

Part 1 Grammatik | 문법

② 금지 (… 해서는 안 된다 → dürfen nicht)

Man darf hier nicht parken. 여기에 주차해서는 안 된다.

Du darfst hier nicht laut sprechen. 너는 여기에서 큰 소리로 말하면 안 된다.

Im Museum darf man nicht fotografieren.
박물관에서는 사진 촬영을 해서는 안 된다.

③ 정중한 표현 (… 해도 좋을까요?)

Darf ich Sie etwas fragen? 뭐 좀 물어봐도 될까요?

Darf ich vorbei(gehen)? 지나가도 될까요?

3) mögen (möchten)

① 기호, 취향 (… 을 좋아한다)

Ich mag sehr gern Wein. 나는 와인을 매우 좋아한다.

Er mag Musik von Mozart. 그는 모차르트 음악을 좋아한다.

Ich mag keine Popmusik. 나는 팝음악을 좋아하지 않는다.

Er mag seinen Kollegen nicht. 그는 동료를 좋아하지 않는다.

② 추측 (… 일지도 모른다)

Er mag mir helfen. 그가 나를 도와줄지도 모른다.

Sie mag in Berlin sein. 그녀는 베를린에 있을지도 모른다.

③ 바램, 소망 (…을 하고 싶다)

Was möchten Sie trinken? 무엇을 마시고 싶으세요?

Ich möchte starken Kaffee trinken. 나는 진한 커피를 마시고 싶습니다.

Er möchte mit dir sprechen. 그가 너와 이야기를 하고 싶어한다.

* mögen은 본동사로도 쓰이고 화법조동사로도 쓰인다. mögen이 본동사로 쓰일 경우에는 '취향'이나 '기호'를 나타낼 경우이고, 본동사와 함께 화법조동사로 쓰일 경우는 '추측'의 의미를 나타낸다. möchten은 mögen의 접속법 II식 형태로 '소망'이나 '바람'을 나타낸다.

Lektion 9　화법조동사

4) müssen

① 강제적 의무 또는 피치 못할 상황 (… 해야 한다)

Alle Menschen müssen einmal sterben. 모든 인간은 언제고 죽을 수밖에 없다.

Die Schüler müssen eine Schuluniform tragen. 학생들은 교복을 입어야 한다.

Mein Auto ist kaputt. Ich muss mit dem Bus fahren.
내 차가 고장났다. 나는 버스를 타고 가야한다.

Müssen Sie am Arbeitsplatz Kaffee kochen?
당신은 직장에서 커피를 끓여야 합니까?

② 확신 (… 임에 틀림없다)

Er muss die Wahrheit wissen. 그는 진실을 알고 있음에 틀림없다.

Sie muss noch ledig sein. 그녀는 아직 미혼임에 틀림없다.

③ 필요 (müssen … nicht … 할 필요가 없다)

Du musst heute nicht arbeiten. 너는 오늘 일할 필요가 없다.

Sie müssen keinen Kaffee kochen. 당신은 커피를 끓일 필요가 없습니다.

* 의미상으로 '… 해야 한다'의 부정은 '…해서는 안 된다'가 아니라 '…할 필요는 없다'임. 따라서 müssen의 부정 müssen nicht은 '…할 필요가 없다'이고 '…해서는 안된다'는 dürfen nicht임.

5) wollen

① 소망 (… 하고 싶어 하다)

Was wollen Sie denn (machen)?
대체 무엇을 원하십니까(대체 무엇을 하려는 겁니까)?

Wenn Sie wollen, (dann) machen Sie das! 원하신다면 그렇게 하십시오!

Ich will meine Freundin heiraten, aber sie will nicht.
나는 여자 친구와 결혼하고 싶지만, 그녀는 원하지 않는다.

Part 1 Grammatik | 문법

② 의지, 계획 (… 하고자 한다)

Ich will einen Deutschkurs besuchen. 나는 독일어 강좌를 수강하려고 한다.

Ich will eine Diät machen. 나는 다이어트를 하려고 한다.

Er will nicht auf die Universität gehen. 그는 대학에 진학하지 않으려고 한다.

6) sollen

① 도덕적인 의무 (마땅히 … 해야 한다)

Du sollst deine Eltern ehren. 너는 부모님을 공경해야 한다.

Du sollst nicht stehlen. 너는 도둑질해서는 안 된다.

② 소문 또는 다른 사람의 의견 (… 라고 한다, … 할까요?)

Er soll reich geworden sein. 그는 부자가 되었다고 한다.

* Er ist reich geworden. 그는 부자가 되었다.

Der Arzt sagt, ich soll keinen Alkohol trinken. 의사가 술 마시지 말래.

Ich soll eine Geschäftsreise machen. (Mein Chef hat das gesagt.)
나는 출장을 가야한다. (사장이 말했다.)

Soll ich hier unterschreiben? 여기에 서명할까요?

Soll ich dieses Dokument kopieren? 이 서류를 복사할까요?

4 화법 조동사의 3요형

현재(원형)	과거	과거분사
können	konnte	gekonnt
müssen	musste	gemusst
sollen	sollte	gesollt
wollen	wollte	gewollt
dürfen	durfte	gedurft
mögen	mochte	gemocht

* sollen, wollen은 규칙변화, 나머지는 불규칙변화.

Lektion 9 — 화법조동사

Entschuldigen Sie bitte, ich wollte Sie nicht stören.
방해하려던 것이 아닌데, 죄송합니다.

Warum hast du mich angerufen? - Ich wollte nur etwas fragen.
너 왜 전화했었니? - 그냥 뭐 좀 물어보려고(했어).

Gestern musste ich bis spät nachts im Büro arbeiten.
어제 나는 밤늦게까지 사무실에서 일을 해야만 했다.

Ich konnte sie überhaupt nicht verstehen.
나는 그녀를 전혀 이해할 수가 없었다.

Mit 20 konnte ich noch nicht Auto fahren. Damals hatte ich keinen Führerschein.
20살 때 나는 운전을 할 수가 없었다. 당시에 나는 운전 면허증이 없었다.

Er mochte als Kind seine Lehrerin.
그는 어렸을 때 선생님을 좋아했다.

Tipp!

▶ mögen의 과거형 - mochte/ möchten의 과거형 - wollte
Ich mag die Oper. 나는 오페라를 좋아한다.
Früher mochte ich die Oper nicht. 예전에 나는 오페라를 좋아하지 않았다.

Ich möchte heute in die Oper gehen. 나는 오늘 오페라를 보러 가고 싶다.
Ich wollte gestern in die Oper gehen. 나는 어제 오페라를 보러 가고 싶었다.

▶ sollte
sollte는 과거시제 뿐만 아니라 접속법 II식 현재 형태로 '조언'이나 '충고'의 화법에 쓰이기도 한다.

Ich habe oft Kopfschmerzen. 나는 종종 두통이 있다.
- Du solltest Pfefferminztee trinken. 페퍼민트 차를 마셔봐.

Sie sollten für die Gesundheit ein bisschen abnehmen.
건강을 위해 조금 체중을 줄이는 것이 좋을 것 같습니다.

Part 1　Grammatik | 문법

5 화법 조동사의 6시제

화법조동사는 경우에 따라 본동사가 생략되어 쓰일 경우가 있다. 본동사가 생략되는 경우 화법조동사는 본동사처럼 쓰인다.

예) Ich muss jetzt nach Hause. 나는 지금 집에 가야만 한다.

위의 문장은 방향전치사 nach(...로)를 통해 충분히 의미전달이 가능하여 본동사 gehen이나 fahren등이 생략된 형태이다. 이처럼 본동사 없이도 의미전달이 가능한 경우에 화법조동사는 혼자 쓰일 수 있다. 이와 관련하여 화법조동사의 시제는 본동사가 있는 경우와 없는 경우 두 가지 형태로 분류된다. 화법조동사는 완료형에서 항상 haben과 결합한다.

	본동사가 생략될 경우
현 재	Ich *will* nach Berlin.
과 거	Ich *wollte* nach Berlin.
미 래	Ich *werde* nach Berlin *wollen*.
현재완료	Ich *habe* nach Berlin *gewollt*.
과거완료	Ich *hatte* nach Berlin *gewollt*.
미래완료	Ich *werde* nach Berlin *gewollt haben*.

	본동사가 있는 경우
현 재	Ich *will* nach Berlin *fahren*.
과 거	Ich *wollte* nach Berlin *fahren*.
미 래	Ich *werde* nach Berlin *fahren wollen*.
현재완료	Ich *habe* nach Berlin *fahren wollen*.
과거완료	Ich *hatte* nach Berlin *fahren wollen*.
미래완료	Ich *werde* nach Berlin *haben fahren wollen*.

화법조동사의 시제 공식

현재 : 화법조동사 현재 인칭변화 + 본동사 부정형
과거 : 화법조동사 과거 인칭변화 + 본동사 부정형
미래 : **werden** + 본(본동사 부정형) + 부(화법조동사 부정형)

Lektion 9 — 화법조동사

현완 : **haben** + 본 + 부
과완 : **hatte** + 본 + 부
미완 : **werden** + **haben** + 본 + 부

Tipp!

▶ können od. dürfen?
können과 dürfen은 둘 다 '..해도 좋다'는 허락의 의미로 쓰일 수 있다. 이때 dürfen은 können에 비해 보다 강한 허락이나 금지, 즉 화자의 의지가 좀 더 강하게 반영되는 것으로 볼 수 있으며, können은 dürfen을 보완하는 역할을 한다. 일상생활에서는 können의 쓰임이 빈번하다.

▶ sollen od. dürfen?
sollen과 dürfen은 둘 다 상대방의 의견을 물어볼 때 쓰일 수 있으며 '…할까요?'와 '…해도 될까요?'의 의미를 지닌다. sollen은 화자의 의지가 개입되지 않고 상대방의 의사를 물어볼 경우, dürfen은 화자의 의지가 반영되는 경우에 주로 쓰인다.

Soll ich das Fenster öffnen?
창문을 열까요? – 화자의 의지와 상관없이 상대방의 의견을 물어봄.

Darf ich das Fenster öffnen?
창문을 열어도 될까요? – 화자가 문을 열고 싶은 의지를 가지고 상대방의 허락이나 동의를 구함.

▶ sollen od. müssen?
sollen과 müssen은 둘 다 '..해야한다'와 같이 의무를 나타내는 뜻으로 쓰일 수 있다. sollen은 화자의 의지와 별개로 타인의 지시나 바램에서 비롯된 의무이거나 마땅히 지켜야만 하는 도덕적 의무를 나타내고, müssen은 강제적이거나 피치 못할 상황 또는 필연성을 나타낸다.

Du sollst nicht töten! 살인하지 말라!
(* Das Gesetz der Bibel 성경의 율법)
Wir sollen morgen Turnschuhe anziehen.
우리는 내일 운동화를 신어야 된대.
(* Der Lehrer hat es gesagt. 선생님이 말씀하셨다.)
Alle Menschen müssen sterben.
모든 사람은 죽을 수밖에 없다.
Ich muss ein Bußgeld bezahlen.
나는 벌금을 물어야 한다.

Part 1   Grammatik | 문법

> **Tipp!**
>
> 간혹 동일한 문장이라도 화자의 입장에 따라 sollen과 müssen이 다르게 쓰이기도 한다.
>
> Ich soll täglich dreimal eine Tablette nehmen.
> (* Der Arzt hat es gesagt. 의사가 그렇게 말했다.)
> Ich muss täglich dreimal eine Tablette nehmen.
> (* Sonst habe ich starke Schmerzen. 그렇지 않으면 통증이 심하다.)
> 나는 매일 세 번 알약을 하나씩 먹어야 한다.

▶ müssen nicht = brauchen ... zu '…할 필요가 없다'
   müssen nur = nur brauchen ...zu '…하기만 하면 된다'

Sie müssen nicht kochen.
= Sie brauchen nicht zu kochen.
   당신은 요리할 필요가 없습니다.

Sie müssen keine Diät machen.
= Sie brauchen keine Diät zu machen.
   당신은 다이어트를 할 필요가 없습니다.

Ich muss nur noch eine Seite lesen.
= Ich brauche nur noch eine Seite zu lesen.
   나는 한 페이지만 더 읽으면 된다.

▶ 그밖에 화법조동사처럼 본동사와 함께 쓰이는 동사들 : hören, lassen, sehen, helfen
Ich höre den Hund bellen.
개 짖는 소리가 들린다.
Ich lasse mein Auto reparieren.
내 자동차를 수리하게 맡긴다.
Ich sehe das Mädchen tanzen.
나는 그 소녀가 춤추는 것을 본다.
Ich höre die Kinder singen.
나는 그 아이들이 노래하는 것을 듣는다.
Ich helfe meiner Mutter kochen.
나는 어머니가 요리하는 것을 돕는다.

Lektion 10 전치사 (Präpositionen)

독일어의 전치사는 명사 앞에서 격을 지배한다. 2격, 3격, 4격, 3/4격 지배 전치사가 있으며, 각각의 격 지배는 매우 규칙적이다. 2, 3, 4격 지배 전치사들은 서로 격을 혼동하지 않고 의미를 정확히 아는 것이 중요하며, 3/4격 지배 전치사의 경우는 3격과 4격이 쓰이는 상황을 구분하는 것이 중요하다.

2격 전치사	statt, trotz, während, wegen
3격 전치사	aus, außer, bei, gegenüber, nach, mit, seit, von, zu
4격 전치사	bis, durch, für, gegen, ohne, um, entlang
3/4격 전치사	an, neben, auf, über, vor, hinter, unter, in, zwischen

1 2격 지배 전치사

(an)statt (… 대신에) : Er kocht statt meiner. 나 대신에 그가 요리한다.
　　　　　　　　　　　Statt eines Autos kaufte ich ein Fahrrad.
　　　　　　　　　　　자동차 대신에 나는 자전거를 샀다.

trotz (… 임에도 불구하고) : Trotz seiner Grippe arbeitet er.
　　　　　　　　　　　그는 독감인데도 일을 한다.
　　　　　　　　　　　Trotz des Staus war er pünktlich.
　　　　　　　　　　　교통체증에도 불구하고 그는 정시에 왔다.

während (… 동안에) : Während des Unterrichts spricht er zu viel.
　　　　　　　　　　수업시간에 그는 말을 너무 많이 한다.
　　　　　　　　　　Während der Winterferien hat es viel geschneit.
　　　　　　　　　　겨울방학 동안에 눈이 많이 왔다.

wegen (… 때문에) : Wegen des schlechten Wetters(*dem schlechten Wetter) kann ich keinen Sport machen.
　　　　　　　　　나쁜 날씨 때문에(날씨가 나빠서) 나는 운동을 할 수가 없다.

* wegen은 일상생활 속에서는 3격과 함께 주로 쓰인다: wegen dir (너 때문에)
　Wegen dir kann ich nicht schlafen. 너 때문에 나는 잠을 잘 수가 없다.

Part 1　Grammatik | 문법

❷ 3격 지배 전치사

aus

…로부터 (밖으로) : Er geht aus dem Restaurant. 그는 레스토랑에서 나간다.
　　　　　　　　Die Mutter nimmt die Wäsche aus dem Korb.
　　　　　　　　어머니는 바구니에서 빨래를 꺼낸다.

…로 된(재료) : Die Handtasche ist aus Leder. 그 핸드백은 가죽으로 되어있다.

출신 (+지명) : Ich komme aus Korea. 나는 한국에서 왔다.
　　　　　　　Sie kommt aus der Schweiz. 그녀는 스위스에서 왔다.
　　　　　　　Er kommt aus dem Irak. 그는 이라크에서 왔다.

* 국명은 거의 대부분 중성(Korea, Japan, China, Deutschland, Frankreich, Amerika usw.)이고, 드물게 여성(die Schweiz, Türkei usw.)과 남성(der Irak, Iran, Jemen usw.), 복수 (die USA, Niederlande, Philippinen)로 쓰이는 경우들이 있다. 중성을 제외하고 모두 성과 함께 쓰인다.

außer

…을 제외하고 : Außer der Suppe schmeckt das Essen nicht so gut.
　　　　　　　스프만 제외하고 식사는 그렇게 맛있지 않다.
　　　　　　　Außer mir sind alle noch ledig.
　　　　　　　나빼고 모두 아직 미혼이다.

… 외에도 : Außer zwei Brüdern habe ich noch eine Schwester.
　　　　　나는 남자 형제 두 명 외에 여자 형제가 한 명 더 있다.

bei

… 근처에 : Er saß bei seinen Freunden. 그는 친구들 근처에 앉아있었다.

… 집에 (+사람) : Ich wohne bei meinen Eltern. 나는 부모님 집에 살고 있다.

…에서 (+회사명) : Er arbeitet jetzt bei Siemens. 그는 지금 지멘스 회사에서 일한다.

… 할 때에(경우에) : Beim Essen trinkt er kein Wasser.
　　　　　　　　그는 식사할 때 물을 마시지 않는다.
　　　　　　　　Bei schönem Wetter gehe ich immer schwimmen.
　　　　　　　　날씨가 좋으면 나는 항상 수영하러 간다.

Lektion 10 전치사

gegenüber

… 맞은편에 : Das Rathaus liegt dem Bahnhof gegenüber.
시청은 역 맞은편에 있다.
Er sitzt mir gegenüber. 그는 내 맞은편에 앉아있다.

* 전치사는 본래 명사 앞에 위치하나 3격의 gegenüber와 4격의 entlang은 명사 뒤에도 쓰임.

nach

…로 (방향) : Ich fahre nach Frankreich. 나는 프랑스에 간다.
Ich fahre nach Paris. 나는 파리에 간다.
Er fährt nach links/ rechts/ oben/ vorne/ Süden..
그는 왼쪽/ 오른쪽/ 위쪽으로/ 앞쪽으로/ 남쪽으로 간다.

* 정관사와 함께 쓰일 때에는 nach가 아니라 in으로!!
Ich fahre in die Schweiz(스위스로)/ in die Türkei(터키로).
Die Vögel fliegen nach Süden. = Die Vögel fliegen in den Süden.
새들은 남쪽으로 날아간다.

… 후에 (시간) : Nach dem Unterricht spielen wir Fußball.
수업이 끝나고 우리는 축구를 한다.
Nach dem Essen trinke ich immer Kaffee.
식사 후에 나는 항상 커피를 마신다.

…에 따라 : Die Waren werden nach der Qualität sortiert.
그 상품들은 품질에 따라 분류된다.

…에 따르면 (의견) : Meiner Meinung nach ist das unlogisch.
내 생각에 그것은 비논리적이다.

mit

…와 함께 (사람) : Ich trinke mit meinen Freunden Bier.
나는 친구들과 맥주를 마신다.

…을 가지고 (도구) : Ich schreibe den Brief mit dem Bleistift.
나는 그 편지를 연필로 쓴다.

Part 1 Grammatik | 문법

··· 을 타고 (교통수단) : Ich fahre mit dem Zug.
　　　　　　　　　나는 기차를 타고 간다.

··· 세 때 (나이) : In Korea kommen die Kinder mit acht Jahren in die Schule.
　　　　　　　한국에서는 8살 때 학교에 입학한다.

seit

··· 전부터 : Ich lerne seit einer Woche Deutsch.
　　　　　나는 일주일 전부터 독일어를 배우고 있다.
　　　　　Sie ist seit letztem Jahr krank.
　　　　　그녀는 작년부터 아프다.

von

···로부터 : Ich habe von meinem Freund einen Brief bekommen.
　　　　　나는 친구로부터 편지 한통을 받았다.
　　　　　Das Kind läuft vom Vater zur Mutter.
　　　　　그 아이는 아버지로부터 어머니에게 달려간다.
　　　　　Der Zug fährt von München nach Berlin.
　　　　　그 기차는 뮌헨으로부터 베를린으로 간다.

··· 의 (2격 대용) : Das sind Werke von Goethe.
　　　　　　　　이것들은 괴테의 작품이다.
　　　　　　　　Das ist das Auto von meinem Nachbarn.
　　　　　　　　(= Das ist das Auto meines Nachbarn)
　　　　　　　　이것은 내 이웃의 자동차다.

zu

··· 로 (방향) : Ich gehe zur Uni. 나는 (대)학교에 간다.
　　　　　　Ich muss zum Arzt gehen. 나는 병원에 가야 해.

··· 을 위해 (목적) : Ich fahre zur Erholung ins Gebirge.
　　　　　　　　나는 휴양을 위해 산으로 간다.

Lektion 10　　전치사

수단 및 방법 : Er geht zu Fuß zur Schule. 그는 걸어서 학교에 간다.
　　　　　　 Ich will jetzt zu Bett gehen. 나는 이제 자려가야겠다.

* 방향전치사 nach와 zu는 쓰임에 있어서 구분이 된다. 즉, 나라나 도시로 향할 때는 nach, 건물이나 사람을 향할 때는 zu로 쓰인다. 그러나 Haus의 경우는 예외적으로 건물임에도 방향을 나타낼 때 nach를 쓰고, 집에 있는 상태를 의미할 경우에 zu를 쓴다.

Er ist zu Hause. 그는 집에 있다. / Er geht nach Hause. 그는 집으로 간다.

❸ 4격 지배 전치사

bis

… 까지 : Er hat bis nachmittags Schule. 그는 오후까지 수업이 있다.
　　　　 Ich muss meinen Aufsatz bis nächsten Monat beenden.
　　　　 다음 달까지 나는 논문을 끝내야 한다.

> **Tipp!**
> ▶ bis + 전치사
> bis는 다른 전치사들과 함께 쓰일 수 있으며, 이 경우에는 격지배 기능을 상실하고 '…까지'의 의미만을 나타낸다.
>
> bis zu : … 까지
> 　　　　 Ich fahre bis zum Bahnhof. 나는 역까지 간다.
>
> bis vor : … 전까지, … 앞까지
> 　　　　 Wir liefern Lebensmittel direkt bis vor die Haustür.
> 　　　　 우리는 문 앞까지 식료품을 배달합니다.
>
> bis gegen : … 쯤까지
> 　　　　 Ich konnte bis gegen Mitternacht nicht einschlafen.
> 　　　　 나는 자정쯤까지(자정이 다 될 때까지) 잠을 이룰 수 없었다.

durch

… 을 통과하여 : Der Zug fährt durch den Tunnel. 그 기차는 터널을 지나간다.
　　　　　　　 Durch diese Tür kommt man zu meiner Assistentin.
　　　　　　　 이 문을 지나면 내 비서가 있습니다.

Part 1 Grammatik | 문법

für

… 을 위하여 : Ich kaufe einen Mantel für dich.
　　　　　　나는 너를 위해 외투를 산다.
　　　　　　Jeden Samstag müssen wir zum Fußballplatz, das ist für unsere Kinder sehr wichtig.
　　　　　　매주 토요일 우리는 축구장에 가야한다. 이것은 우리 아이들에게 매우 중요한 일이다.

… 에 찬성하여 : Die Studenten sind für eine Senkung der Studiengebühren.
　　　　　　　대학생들은 등록금 인하에 찬성한다.

… 에 비해 : Für ihr Alter sieht sie jung aus.
　　　　　그녀는 나이에 비해 젊어 보인다.
　　　　　Für die kurze Zeit seines Klavierunterrichts spielt er schon gut.
　　　　　길지 않은 피아노 수업시간에 비해 그는 연주를 썩 잘한다.

gegen

… 에 맞서서 : Das Auto ist gegen die Wand gefahren.
　　　　　　그 자동차는 벽에 부딪혔다.
　　　　　　Er schlug mit der Faust gegen die Tür.
　　　　　　그는 주먹으로 문을 두드렸다.
　　　　　　Wir müssen gegen die Armut und Unwissenheit kämpfen.
　　　　　　우리는 가난과 무지에 맞서 싸워야 한다.
　　　　　　Die Studenten sind gegen eine Erhöhung der Studiengebühren.
　　　　　　대학생들은 등록금 인상에 반대한다.

… 와 달리 : Gegen meine Mutter bin ich klein.
　　　　　어머니와 달리 나는 키가 작다.
　　　　　Gegen gestern ist es heute kalt. 어제와 달리 오늘은 좋다.

대략 (시간) : Treffen wir uns gegen 14 Uhr! 두시쯤에 만나자!

Lektion 10 전치사

ohne

··· 없이 : Sie fährt ohne ihre Kinder in den Urlaub.
그녀는 아이들 없이 휴가를 떠난다.
Er trinkt seinen Kaffee schwarz, ohne Milch und Zucker.
그는 우유와 설탕을 타지 않고 블랙으로 커피를 마신다.

um

··· 둘레에 : Das Auto fährt um die Ecke. 그 자동차는 모퉁이를 돌아간다.
Er will einen Zaun um den Garten bauen.
그는 정원 둘레에 울타리를 치려고 한다.

정각 (시간) : Kommen Sie bitte um 10 Uhr zu mir! 정각 10시까지 와주세요!

entlang

···을 따라서 : Gehen Sie diese Straße entlang! 이 길을 따라 가세요!
Auf dem Weg zur Arbeit läuft sie täglich den Fluss entlang.
그녀는 매일 강을 따라 출근한다.

❹ 3/4격 지배 전치사

3/4격 지배 전치사는 동사가 상태를 의미할 때에는 3격과, 이동이나 움직임을 의미할 때에는 4격과 함께 쓰인다.

> 상태 + 3격
> 이동(움직임) + 4격

an

··· 곁에(··· 가에) : Er steht am Fenster. 그는 창가에 서 있다.
Er geht ans Fenster. 그는 창가로 간다.
Er sitzt am Computer. 그는 컴퓨터 앞에 앉아있다.
Er setzt sich an den Computer. 그는 컴퓨터 앞에 앉는다.

Part 1 Grammatik | 문법

*… 종사 : Ich studiere an der Universität Bonn. 나는 본 대학에 다닌다.
　　　　Er ist Lehrer am Gynasium. 그는 김나지움의 선생님이다.

* 항상 3격으로 쓰임.

neben

… 옆에 : Der Stuhl steht neben dem Schrank. 그 의자는 옷장 옆에 있다.
　　　　Ich stelle den Stuhl neben den Schrank. 나는 그 의자를 옷장 옆에 놓는다.

auf

… 위에 : Das Buch liegt auf dem Tisch. 그 책은 책상 위에 있다.
　　　　Ich lege das Buch auf den Tisch. 나는 그 책을 책상 위에 놓는다.
　　　　Er ist auf dem Dach. 그는 지붕 위에 있다.
　　　　Er steigt aufs Dach. 그는 지붕 위로 올라간다.

über

… 위에 : Die Lampe hängt über dem Tisch. 그 램프는 탁자 위에 걸려있다.
　　　　Ich hänge die Lampe über den Tisch. 나는 그 램프를 탁자 위에 건다.
　　　　Der Hund springt über den Zaun. 그 개는 울타리를 뛰어 넘는다.

…을 거쳐서 : Der Bus fährt über den Bahnhof. 그 버스는 기차역을 지나간다.

… 이상 : Die Konferenz dauert über 2 Stunden. 회의는 두 시간 이상 걸린다.

vor

… 앞에 : Das Taxi steht vor dem Hoteleingang. 그 택시는 호텔입구 앞에 서있다.
　　　　Das Taxi fährt vor den Hoteleingang. 그 택시는 호텔입구 앞으로 간다.

*… 전에(시간) : Vor der Prüfung bin ich immer nervös.
　　　　　　　시험 전에 나는 항상 예민하다.
　　　　　　　Ich habe ihn vor drei Jahren kennengelernt.
　　　　　　　나는 그를 3년 전에 알게 되었다.

* 항상 3격으로 쓰임.

Lektion 10 전치사

*… 해서(감정적 표현) : Der Hund zittert vor Angst. 그 개는 두려움에 떤다.
　　　　　　　　　　　Wir jubelten vor Freude auf. 우리는 기뻐서 환호성을 질렀다.

* 관사 없이 쓰임.
vor Wut(분해서)/ Ärger(화가 나서)/ Schmmerz(en)(고통스러워서)/ Begeisterung(감격해서)/ Scham(창피해서)/ Stolz(자랑스러워서)/ Hass(미워서)/ Aufregung(흥분해서)/ Sorgen(걱정스러워서)

hinter

… 뒤에 : Ich bringe mein Fahrrad hinter das Haus.
　　　　나는 내 자전거를 집 뒤로 가져간다.
　　　　Mein Fahrrad steht hinter dem Haus. 내 자전거는 집 뒤에 있다.

unter

… 아래에 : Der Papierkorb steht unter dem Schreibtisch.
　　　　　휴지통은 책상 밑에 있다.
　　　　　Ich stelle den Papierkorb unter den Schreibtisch.
　　　　　나는 휴지통을 책상 밑에 둔다.

… 중에 : Unter meinen Schulkameraden war ich der Kleinste
　　　　동창들 중에 내가 가장 키가 작았다.

in

… 안에 : Die Kinder sind in der Schule. 아이들은 학교에 있다.
　　　　Die Kinder gehen in die Schule. 아이들은 학교에 간다.

… 후에 : In zwei Wochen beginnt das Semester. 2주 후에 학기가 시작한다.

… 이내에 : Ich habe die Arbeit in zwei Tagen geschafft.
　　　　　나는 그 일을 이틀 안에 해냈다.

zwischen

… 사이에 : Mein Tisch steht zwischen dem Schrank und dem Bett.
　　　　　내 책상은 옷장과 침대 사이에 있다.

Part 1　Grammatik | 문법

Ich stelle meinen Tisch zwischen den Schrank und das Bett.
나는 옷장과 침대 사이에 책상을 놓는다.

※ 시간을 의미하는 전치사 – 항상 3격

an	in
하루 중의 때　am Abend 저녁때 요　　　일　am Sonntag 일요일에 날　　　짜　am 5. Januar 1월 5일에 * 예외: in der Nacht 밤에	주　　in dieser Woche 이번주에 월　　im April 4월에 년　　im Jahr 2014 2014년에 계절　im Sommer 여름에

※ 전치사 + 정관사 축소형

전치사는 일정한 정관사와 결합하여 단축해서 쓰일 수 있다.

bei dem = beim
von dem = vom
zu dem = zum, zu der = zur
durch das = durchs
für das = fürs
um das = ums
an dem = am, an das = ans
auf das = aufs
in dem = im
in das = ins

* bei der, für die, für den, von der 등과 같이 단축형이 불가능한 결합들도 적지 않다.

Lektion 10 — 전치사

Tipp!

▶ **nach od. in?**

nach와 in은 둘 다 우리말로 '...후에'라는 의미로 쓰여서 자칫 혼동할 수가 있다. nach는 기간이나 상황에 모두 쓰이고 in은 기간을 나타낼 때에만 쓰임으로 해서 일차적으로 구분이 가능하지만 둘 다 기간을 나타낼 경우에, nach는 과거에 일어난 일을 나타내고, in은 미래에 일어날 일을 나타낸다.

Nach dem Essen trinke ich Kaffee.
식사 후에 나는 커피를 마신다. ─ 상황

Nach dem Studium werde ich weiter hier bleiben.
학업이 끝난 후에 나는 이곳에 계속 있을 것이다.

Nach einem Jahr ist er wieder in seine Heimat zurückgekehrt.
1년 후 그는 다시 고향으로 돌아갔다.

In einem Jahr wird er wieder in seine Heimat zurückkehren. ─ 기간
1년 후 그는 다시 고향으로 돌아갈 것이다.

In zehn Minuten geht der Zug nach Salzburg.
10분 후에 기차는 잘츠부르크로 간다.

▶ **zu od. in?**

Er geht in den Bahnhof. (Er betritt das Bahnhofsgebäude.)
그는 기차역으로 간다. (그는 기차역 건물로 들어선다.)

Er geht zum Bahnhof. (Er geht in diese Richtung)
그는 기차역으로 간다. (그는 그쪽 방향으로 간다.)

▶ **seit od. vor?**

seit와 vor는 둘 다 지난 시점을 의미하지만, vor는 이미 과거에 완료된 시점을 의미하고 seit는 과거에 시작되어 현재까지 계속 이어지는 시점을 의미한다. 따라서 두 전치사의 차이는 해석상으로 vor는 '...전에', seit는 '...전 부터'로 구분한다.

Vor einer Stunde ist er zurückgekommen. 한 시간 전에 그는 돌아왔다.

Seit einer Stunde warte ich. 한 시간 전부터 나는 기다리고 있다.

Lektion 11 형용사 (Adjektiv)

독일어의 형용사는 술어적, 부가어적으로 쓰일 수 있다. 술어적 용법의 형용사는 어미변화를 하지 않고 원형 그대로 쓰이며, 부가어적 용법으로 명사를 수식하는 형용사는 명사의 성, 수, 격에 따라 일정하게 어미변화를 한다.

- 술어적 용법 : **무변화** - **Er ist reich.** 그는 부유하다.
- 부가어적 용법 : **어미변화** - **der reich*e* Mann** 그 부유한 남자

1 술어적 용법

sein, werden, bleiben등과 함께 술어적으로 쓰일 경우 형용사는 어미변화하지 않고 원형 그대로 쓰인다.

Die Stadt ist groß. 그 도시는 크다.

Sie ist hübsch. 그녀는 예쁘다.

Es ist dunkel. 어둡다.

Es wird dunkel. 어두워진다.

Das Wetter bleibt schön. 날씨가 계속해서 좋다.

* 형용사는 위의 동사들 외에 일반 동사와 함께 부사적 용법으로 쓰일 수도 있다.
　Er läuft schnell. 그는 빨리 달린다.
　Das Kind weint laut. 그 아이는 큰 소리로 운다.

2 부가어적 용법

형용사가 부가어적으로 쓰일 경우에 명사의 성·수·격에 따라 어미변화를 한다. 형용사는 명사와 관사 사이에 위치하며, 관사의 유형에 따라 강변화, 약변화, 혼합변화로 구분할 수 있다. 즉, 관사가 없는 무관사의 경우(강변화), 부정관사의 경우(혼합변화), 정관사의 경우(약변화)에 따라 각각 형용사 어미가 다르게 변화된다.

Lektion 11 — 형용사

1) (무관사) 형용사 + 명사

형용사가 관사 없이 명사를 수식할 때에는 *에서와 같이 남성, 중성 단수 2격을 제외하고 정관사 어미변화와 동일하다.

	m.	n.	f.	pl.
1.	er	es	e	e
2.	*en	*en	er	er
3.	em	em	er	en
4.	en	es	e	e

* 정관사 중성 1, 4격인 das는 수식할 때 항상 -as가 아니라 -es로 변화시킴.

	m.	n.	f.	pl.
1.	heißer Kaffee	echtes Gold	frische Milch	gute Zeiten
2.	heißen Kaffees	echten Goldes	frischer Milch	guter Zeiten
3.	heißem Kaffee	echtem Gold	frischer Milch	guten Zeiten
4.	heißen Kaffee	echtes Gold	frische Milch	gute Zeiten

2) 부정관사(류) + 형용사 + 명사

형용사가 부정관사 또는 부정관사류와 함께 명사를 수식할 때에는 *에서와 같이 남성, 여성, 중성 1격과 중성, 여성 4격은 정관사 어미처럼 변화하며, 이들을 제외하고 모두 **-en**.

	m.	n.	f.	pl.
1.	*er	*es	*e	en
2.	en	en	en	en
3.	en	en	en	en
4.	en	*es	*e	en

Part 1　Grammatik | 문법

	m.	n.	f.	pl.
1.	ein gut**er** Freund	ein neu**es** Auto	eine schön**e** Frau	lang**e** Ferien
2.	eines gut**en** Freundes	eines neu**en** Autos	einer schön**en** Frau	lang**er** Ferien
3.	einem gut**en** Freund	einem neu**en** Auto	einer schön**en** Frau	lang**en** Ferien
4.	einen gut**en** Freund	ein neu**es** Auto	eine schön**e** Frau	lang**e** Ferien

* 부정관사는 복수 명사와 쓰일 수 없으므로, 복수의 경우는 관사가 없는 형용사 어미변화를 따름. 다만 소유대명사와 같은 부정관사류는 복수 명사와 쓰일 수 있으므로 이 경우에는 위의 어미변화 표를 따름.

	m.	n.	f.	pl.
1.	mein gut**er** Freund	mein neu**es** Auto	meine schön**e** Frau	meine lang**en** Ferien
2.	meines gut**en** Freundes	meines neu**en** Autos	meiner schön**en** Frau	meiner lang**en** Ferien
3.	meinem gut**en** Freund	meinem neu**en** Auto	meiner schön**en** Frau	meinen lang**en** Ferien
4.	meinen gut**en** Freund	mein neu**es** Auto	meine schön**e** Frau	meine lang**en** Ferien

* 부정관사류는 부정관사처럼 어미 변화하는 것 : 소유대명사, kein. 부정관사류는 단수일 경우 부정관사 어미변화, 복수일 경우에는 정관사 어미변화. (33페이지 참조)

vgl. mein guter Freund pl. meine langen Ferien
　　　↳ 부정관사　↳ 형용사　　↳ 정관사　↳ 형용사
　　　　어미변화　　어미변화　　　어미변화　　어미변화

Lektion 11　형용사

3) 정관사(류) + 형용사 + 명사

형용사가 정관사 또는 정관사류와 함께 명사를 수식할 때에는 *에서와 같이 남성, 여성, 중성 1격과 중성, 여성 4격이 동일하게 **-e**로 어미변화를 하며, 이들을 제외하고 모두 **-en**.

	m.	n.	f.	pl.
1.	*e	*e	*e	en
2.	en	en	en	en
3.	en	en	en	en
4.	en	*e	*e	en

	m.	n.	f.	pl.
1.	der gute Freund	das neue Auto	die schöne Frau	die langen Ferien
2.	des guten Freundes	des neuen Autos	der schönen Frau	der langen Ferien
3.	dem guten Freund	dem neuen Auto	der schönen Frau	den langen Ferien
4.	den guten Freund	das neue Auto	die schöne Frau	die langen Ferien

Part 1　Grammatik | 문법

	m.	n.	f.	pl.
1.	dieser gut**e** Freund	dieses neu**e** Auto	diese schön**e** Frau	diese lang**en** Ferien
2.	dieses gut**en** Freundes	dieses neu**en** Autos	dieser schön**en** Frau	dieser lang**en** Ferien
3.	diesem gut**en** Freund	diesem neu**en** Auto	dieser schön**en** Frau	diesen lang**en** Ferien
4.	diesen gut**en** Freund	dieses neu**e** Auto	diese schön**e** Frau	diese lang**en** Ferien

* 정관사류는 정관사처럼 어미 변화하는 것 : dies-, jen-, solch-, jed-, all-, manch-
부정관사류의 경우 단수는 부정관사 어미변화, 복수는 정관사 어미변화를 하는데 비해 정관사류의 경우는 단수와 복수 모두 정관사 어미변화를 함.
vgl.) dieser gute Freund　　pl. diese langen Ferien
　　　↳정관사 ↳형용사　　　　 ↳정관사 ↳형용사
　　　　어미변화 어미변화　　　　　 어미변화 어미변화

❸ 형용사의 명사적 용법

형용사에 의해 수식되는 명사가 기본적인 사람(남자, 여자, 사람들)이나 사물(…것)의 의미를 나타낼 경우, 명사는 생략될 수 있다. 이때 형용사는 명사를 대신하여 첫 글자를 대문자로 표기한다.

1) [형용사 + 명사] 결합형

deutscher Mann → Deutscher 독일인 / 독일 남자
deutsche Frau → Deutsche 독일 여자
deutsche Menschen → die Deutschen 독일인들

2) [부정관사 + 형용사 + 명사] 결합형

ein alter Mann → ein Alter 어떤/한 노인(남자)
eine alte Frau → eine Alte 어떤/한 노인(여자)
ein altes Ding → ein Altes 낡은/ 오래된 것

3) [정관사 + 형용사 + 명사] 결합형

der alte Mann → der Alte (남자) 노인
die alte Frau → die Alte (여자) 노인
die alten Leute → die Alten 노인들

Lektion 11 형용사

4 분사적 형용사

독일어에는 gut이나 schön과 같은 본래의 순수형용사 외에 일정한 동사의 현재분사, 과거분사형태가 명사 앞에서 자주 부가어로 쓰임으로 해서 형용사처럼 기능하는 분사적 형용사들도 빈번하게 나타난다. 분사는 현재분사, 과거분사, 미래분사로 나뉠 수 있으며 각각의 변형공식은 다음과 같다.

> • 현재분사 : 동사 원형 + -d ('. . . 하는' 능동 진행의 의미)
>   lachend 웃고 있는, reisend 여행하는, tanzend 춤추고 있는
>
> • 과거분사 : p.p (ge- + -t/-en) ('. . . 한/되어진' 능동/수동 완료의 의미)
>   gebildet 교양있는(교육을 받은), betrunken 술취한, gefunden, 발견된
>
> • 미래분사 : zu + 현재분사 ('. . . 될만한' 수동 가능의 의미)
>   zu lobend 칭찬받을만한, zu überraschend 놀랄만한

1) 현재분사

① 술어적 용법
Der Film ist spannend. 그 영화는 흥미진진하다.
Er ist heute abwesend. 그는 오늘 결석했다.
Das Gebäude ist brennend. 그 건물은 타고 있다.
(=Das Gebäude brennt.)

② 부가어적 용법 : 형용사 어미변화
das fließende Wasser 흐르는 물
das schlafende Kind 잠자고 있는 아이
der singende Vogel 노래하는 새
die kommende Woche 돌아오는 주(다음주)
die spielenden Kinder 놀고있는 아이들

③ 명사적 용법
die reisenden Leute → die Reisenden 여행자들
der vorsitzende Mann → der Vorsitzende 의장

Part 1 · Grammatik | 문법

der überlebende Mann → der Überlebende 생존자

④ 부사적 용법
Sie antwortet lächelnd. 그녀는 미소를 지으며 답한다.
Er saß rauchend am Tisch. 그는 담배를 피우면서 책상에 앉아있다.

2) 과거분사

① 형용사화 된 과거분사
gebildet 교양있는, betrunken 술취한, beliebt 인기있는, beschäftigt 바쁜, verboten 금지된, verletzt 상처입은, verliebt 반한, verloren 잃어버린 usw.

② 자동사 p.p → 능동 완료
im Jahr, das vergangen ist → im vergangenen Jahr 지난해에
der Fluss, der gefroren ist → der gefrorene Fluss 얼어붙은 강

③ 타동사 p.p → 수동 완료
die Ware, die geliefert wird → die gelieferte Ware 배송된 물건
das Geld, das geliehen wird → das geliehene Geld 빌린 돈

3) 미래분사

der zu überraschende Erfolg 놀랄만한 성공 (뜻밖의 성공)
das zu empfehlende Restaurant 추천될만한 레스토랑
die zu lobende Tat 칭찬받을만한 행동
der auszubildende Mann → der Auszubildende 실습생

Lektion 11 　　　　형용사

> **Tipp!**
>
> ▶ 부사적 용법
>
> 형용사는 술어적, 부가어적 용법 외에 또 다른 형용사를 수식하면서 부사적으로 쓰일 수도 있다. 독일어에서 부사적 용법으로 쓰이는 형용사는 어미변화를 하지 않고 원형 그대로 쓰인다.
>
> ein <u>gut</u> gebildeter Mann 잘 교육 받은 남자
> ein <u>gesund</u> aussehendes Baby 건강해 보이는 아기
>
> ▶ 분사적 형용사의 명사화
>
> 독일어의 명사들 가운데는 형용사들의 명사변화형이 적지 않으며, 특히 분사적 형용사들의 명사형이 일반적이다. 분사적 형용사의 명사화 과정은 다음과 같다.
>
> **과거 분사형**
>
> verletzen (다치다) → verletzt (다친) → der Verletzte (다친 사람 → 부상자)
>
> der Verletzte/ des Verletzten/ dem Verletzten/ den Verletzten 부상당한 남자
> die Verletzte/ der Verletzten/ der Verletzten/ die Verletzte 부상당한 여자
> die Verletzten/ der Verletzten/ den Verletzten/ die Verletzten 부상당한 사람들
>
> * ein Verletzter/ eine Verletzte/ pl. Verletzte 어떤 부상자
> * der Angestellte 회사원, der Angeklagte 피고인, der Gefangene 죄수, der Verwandte 친척, ….
>
> **현재 분사형**
>
> reisen (여행하다) → reisend (여행하고 있는) → der Reisende (여행하는 사람 → 여행객)
>
> der Reisende/ des Reisenden/ dem Reisenden/ den Reisenden
> 여행자 od. 남자 여행자
> die Reisende/ der Reisenden/ der Reisenden/ die Reisende 여자 여행자
> die Reisenden/ der Reisenden/ den Reisenden / die Reisenden 여행자들
>
> * ein Reisender/ eine Reisende/ pl. Reisende 어떤 여행자
> * der Vorsitzende 의장, der Überlebende 생존자….

Lektion 12 비교변화 (Komparation)

1 비교급과 최상급

독일어 형용사의 기본형은 원급이며, 일정한 형태변화를 통해 비교급과 최상급으로 쓰일 수 있다. 비교급, 최상급은 원급과 마찬가지로 술어적, 부가어적으로 쓰이고, 술어적으로 쓰일 경우에는 어미변화를 하지 않고, 부가어적으로 쓰일 경우에는 원급의 경우와 동일하게 어미변화를 한다.

원급	비교급 : 원급 + er	최상급 : 원급 + (e)st
schön 아름다운	**schöner** 더 아름다운	**schönst** 가장 아름다운

• 술어적 용법
  Das Fahrrad ist **schnell**. 자전거는 빠르다.
  Das Auto ist **schneller** (als das Fahrrad). 자동차는 (자전거보다) 더 빠르다.
  Das Flugzeug ist **am schnellsten**. 비행기는 가장 빠르다.

• 부가어적 용법
  das **schnell**e Verkehrsmittel 빠른 교통수단
  das **schneller**e Verkehrsmittel 더 빠른 교통수단
  das **schnellst**e Verkehrsmittel 가장 빠른 교통수단

형용사의 비교급과 최상급 형태는 규칙적으로 변화하는 경우와 불규칙적으로 변화하는 경우로 나뉜다. 규칙변화는 원급과 -er가 결합해서 비교급, 원급과 -st가 결합해서 최상급으로 쓰이는 경우를 의미하며, 각각에 따라 변모음이 나타나기도 한다. 불규칙변화는 일정한 패턴없이 임의적으로 변화하는 경우를 의미한다.

Lektion 12   비교변화

1) 규칙변화

klein —	kleiner —	kleinst
billig —	billiger —	billigst
fleißig —	fleißiger —	fleißigst
dunkel —	*dunkler —	dunkelst
teuer —	*teu(e)rer —	teuerst

* -el로 끝나는 형용사는 비교급에서 -e-를 항상 생략하고(원급의 경우 부가어적 쓰임에서도 항상 생략 : ein dunkles Zimmer), -er로 끝나는 형용사의 경우에 -e-는 생략할 수도, 함께 쓰일 수도 있다.

※ 변모음 하는 경우 - 대부분 단음절

lang —	länger —	längst
arm —	ärmer —	ärmst
jung —	jünger —	jüngst
stark —	stärker —	stärkst
warm —	wärmer —	wärmst
klug —	klüger —	klügst

※ 원급이 **-t/ -d/ -s/-z/ -ß/ -sch** 로 끝난 것은 최상급에서 **-est**

alt —	älter —	ältest
kalt —	kälter —	kältest
leise —	leiser —	leisest
mild —	milder —	mildest
kurz —	kürzer —	kürzest
heiß —	heißer —	heißest
süß —	süßer —	süßest
frisch —	frischer —	frischest

Part 1 Grammatik | 문법

2) 불규칙 변화

gut	— besser	— best
groß	— größer	— größt
hoch	— höher	— höchst
nah	— näher	— nächst
viel	— *mehr	— meist
wenig	— *weniger	— wenigst
(wenig	— minder	— mindest)

* mehr와 weniger는 형용사 어미변화를 하지 않으며, wenig의 비교급이 minder로 쓰일 경우에는 어미변화를 함.
vgl.) mit mehr Geld, mit weniger Geld
　　　mit mehr Hoffnung, mit weniger Hoffnung
　　　mit weniger Einkommen(= mit minderem Einkommen)

❷ 원급과 비교급 용법

비교급은 상대적인 비교를 할 경우에는 비교 대상 앞에 'als ...보다 더'를 쓰고, 일정한 비교 대상이 없는 절대적 비교 상황에서는 'als'를 쓰지 않는다. 이때 해석은 '**비교적, ...이다.**'로 한다.

Er ist **älter als** ich. 그는 나보다 나이가 많다.

Er ist **älter.** 그는 비교적 늙은 편이다.

Ich habe einen **älteren Bruder.** 나는 오빠(형)이 있다.

Ich habe eine **jüngere Schwester.** 나는 여동생이 있다.

- A (eben)so + 원급 + wie B : A는 B만큼 그렇게 … 하다
  Ich bin so alt wie du. 나는 너와 나이가 같다.

  Das Wetter ist heute ebenso schön wie gestern.
  오늘 날씨는 어제처럼 좋다.

- A 비교급 + als B : A는 B보다 더 … 하다
  Du bist jünger als ich. 너는 나보다 어리다.

Lektion 12 — 비교변화

Mein Vater ist viel größer als meine Mutter. 아버지는 어머니보다 훨씬 더 키가 크다.
　　　　↳ 비교급 강조 '훨씬 더 ....'
Er ist älter, als ich dachte. 그는 내가 생각했던 것 보다 더 나이가 많다.

■ immer + 비교급 = 비교급 und 비교급 : 점점 더 … 하다

Es wird immer kälter. = Es wird kälter und kälter. 날이 점점 더 차가와진다.

Der Tag wird immer länger. = Der Tag wird länger und länger.
날이 점점 길어진다.

■ je + 비교급 + 후치, desto(umso) + 비교급 + 도치
　: … 하면 할수록 점점 더 … 하다

Je dunkler es ist, desto kälter wird es. 날이 어두워질수록 점점 더 추워진다.

Je fleißiger du lernst, desto bessere Noten hast du.
네가 부지런히 공부할수록 더 좋은 점수를 받을 것이다.

3 최상급 용법

- 정관사 + -st : 부가어 또는 술어로 사용
- am + -sten : 술어로만 사용

1) 부가어적 용법

Der Mount Everest ist der höchste Berg der Welt.
에베레스트는 세계에서 가장 높은 산이다.

Goethe ist *einer der berühmtesten Schriftsteller der Welt.
괴테는 세계에서 가장 유명한 작가 중의 한사람이다.

* einer: '한 사람', ein Schriftsteller를 대신한 부정대명사 형태
* der berühmtesten Schriftsteller : 복수 2격
  (= von den berühmtesten Schriftstellern)

Part 1　Grammatik | 문법

2) 술어적 용법

① 정관사 + -st : 상대적 비교 대상 중 최고

Er ist der beste ┬ aller Schüler. (복수 2격) 그는 모든 학생들 가운데 가장 우수하다.
　　　　　　　　├ von allen Schülern. (von + 복수 3격)
　　　　　　　　└ unter allen Schülern. (unter + 복수 3격)

Der Garten ist der schönste in diesem Dorf.
그 정원은 이 마을에서 가장 아름답다.

* der beste = der beste Schüler / der schönste = der schönste Garten

② am + -sten : 하나가 가진 성질 중 최고

Er ist am besten im Mathematik. 그는 수학 과목이 가장 우수하다.

Der Garten ist im Frühling am schönsten. 그 정원은 봄에 가장 아름답다.

* am + -sten형은 부가어적으로 나타내기 어려운 상황에서도 쓰인다.
　Kaffee ist billig. Milch ist billiger. Wasser ist am billigsten.
　커피는 싸고 우유는 더 싸고 물은 가장 싸다.

　Im Sommer sind die Tage am längsten und die Nächte am kürzesten.
　여름에는 낮이 가장 길고 밤은 가장 짧다.

Lektion 12 — 비교변화

Tipp!

▶ 정관사 + -st형과 am + -sten은 동일한 환경에서 구분되지 않고 쓰일 수도 있다.
Der heißeste Monat ist der Juli. 가장 더운 달은 7월이다.
Der Monat Juli ist der heißeste (Monat). 7월은 가장 덥다.
Der Monat Juli ist am heißesten. 7월은 가장 덥다.

▶ 형용사는 술어적으로 쓰일 경우 일정한 격과 함께 쓰일 수 있다.
– 3격 지배 형용사 : ähnlich, egal

  Ich bin meiner Mutter sehr ähnlich. 나는 어머니와 매우 닮았다.
  Das ist mir egal. 그건 (내게) 아무런 상관이 없다.

– 4격 지배 형용사 : alt, groß, hoch, schwer, breit

  Das Baby ist einen Monat alt. 그 아기는 태어난 지 한 달 되었다.
  Er ist einen Meter achtzig groß. 그의 키는 1m 80 이다.

– 전치사격 지배 형용사 : böse auf + 4격, stolz auf + 4격, zufrieden mit + 3격

  Warum bist du böse auf mich? 너는 왜 나한테 화를 내니?
  Er ist stolz auf seinen Sohn. 그는 아들을 자랑스러워한다.
  Ich bin mit meinem Job zufrieden. 나는 내 직업에 만족한다.

▶ zu + 형용사(부정적 의미) : 너무 … 하다 / sehr + 형용사(긍정적 의미) : 매우 … 하다
Diese Arbeit ist zu schwer. 이 일은 너무 어렵다.
Der Film ist zu langweilig. 그 영화는 너무 지루하다.
Sie ist sehr schön. 그녀는 정말 아름답다.
Der Zug ist sehr schnell. 그 기차는 매우 빠르다.
vgl.) Der Busfahrer fährt zu schnell. 그 버스기사는 너무 빠른 속도로 차를 몬다.

Lektion 13 수사 (Zahlen)

독일어의 수사에서 기수(Grundzahl, Kardinalzahl)는 형태상의 변화없이 쓰이고, 서수(Ordnungszahl, Ordinalzahl)는 부가어로 쓰일 경우 명사 앞에서 형용사처럼 어미변화를 한다.

1 기수

0 null	10 zehn	20 zwanzig
1 eins	11 elf	21 einundzwanzig
2 zwei	12 zwölf	22 zweiundzwanzig
3 drei	13 dreizehn	23 dreiundzwanzig
4 vier	14 vierzehn	24 vierundzwanzig
5 fünf	15 fünfzehn	25 fünfundzwanzig
6 sechs	16 sechzehn	26 sechsundzwanzig
7 sieben	17 siebzehn	27 siebenundzwanzig
8 acht	18 achtzehn	28 achtundzwanzig
9 neun	19 neunzehn	29 neunundzwanzig

30 dreißig   40 vierzig   50 fünfzig   60 sechzig
70 siebzig   80 achtzig   90 neunzig

100 hundert
101 hunderteins
200 zweihundert
1000 (ein)tausend
1001 (ein)tausend(und)eins
1099 eintausendneunundneunzig
1100 elfhundert (eintausendeinhundert)
1900 neunzehnhundert (eintausendneunhundert)
1999 neunzehnhundertneunundneunzig
     (eintausendneunhundertneunundneunzig)

Lektion 13 수사

2000 zweitausend
2014 zweitausendvierzehn
10,000 zehntausend (만)
100,000 hunderttausend (십만)
1,000,000 eine Million (백만)
10,000,000 zehn Millionen (천만)
100,000,000 hundert Millionen (억)
1,000,000,000 eine Milliarde (십억)
2,000,000,000 zwei Milliarden (이십억)

❷ 서수

> **1 - 19** : 기수 + **t**
> **20 이상** : 기수 + **st**

1. **erst**
2. zwei**t**
3. **dritt**
4. vier**t**
5. fünf**t**
6. sechs**t**
7. sieb(en)**t**
8. **acht**
9. neun**t**
10. zehn**t**

11. elf**t**
12. zwölf**t**
13. dreizehn**t**
14. vierzehn**t**
15. fünfzehn**t**
16. sechzehn**t**
17. siebzehn**t**
18. achtzehn**t**
19. neunzehn**t**
20. zwanzig**st**

21. einundzwanzig**st**
22. zweiundzwanzig**st**
30. dreißig**st**
40. vierzig**st**
55. fünfundfünfzig**st**
100. hundert**st**
101. **hundertunderst**
188. hundertachtundachtzig**st**
1000. tausend**st** (eintausend**st**)
1001. tausendund**erst** (eintausendund**erst**)

Tipp! 서수는 표기할 때 항상 숫자 뒤에 Punkt(·)를 찍어 기수와 구분하고, 읽을 때는 erst(첫 번째), dritt(세 번째), acht(여덟 번째)를 제외하고 19까지는 기수 뒤에 -t를, 20이상은 기수 뒤에 -st를 첨가한다.

Part 1 Grammatik | 문법

Mein Zimmer ist im ersten Stock. 내 방은 2층에 있다.
* 독일은 한 계단 올라간 시점부터 층수를 계산함. 따라서 한국의 2층이 독일은 1층에 해당함.
1층에 im Erdgeschoss, 3층에 im zweiten Stock

Ich bin die dritte Tochter. 나는 셋째 딸이다.

der 2. Weltkrieg (der Zweite Weltkrieg) 2차 세계대전

3 주요 숫자 표현

1) 날짜

Heute ist der 22. Februar (der zweiundzwanzigste Februar).
오늘은 2월 22일이다.   → 스물 두 번째 날이란 뜻에서 Tag이 생략된 것임.

Berlin, den 14. Juli (den vierzehnten Juli) 베를린, 7월 14일

2) 연도

1988년   neunzehnhundertachtundachtzig
2007년   zweitausendsieben

3) 도량형

1g	ein Gramm	**100g**	(ein)hundert Gramm
1kg	ein Kilo(gramm)	**10kg**	zehn Kilo(gramm)
1m	ein Meter	**1,5m**	ein Meter fünfzig (eins Komma fünf Meter)
1km	ein Kilometer	**100km**	(ein)hundert Kilometer
1t	eine Tonne	**10t**	zehn Tonnen
1Pfd.	ein Pfund	**3Pfd.**	drei Pfund
1l	ein Liter		

100km / h einhundert Kilometer pro Stunde (einhundert Stundenkilometer)

* 도량형은 남성과 중성의 경우 숫자만 변하고 단위는 단수형으로 변하지 않는 데 비해, 여성의 경우에는 숫자에 따라 단위도 복수형으로 변화한다.
vgl. ein Meter - zwei Meter, ein Gramm - zwei Gramm, eine Meile - zwei Meilen

4) 군주

Friedrich II.   Friedrich der Zweite 프리드리히 2세
das Verdienst Karls I. das Verdienst Karls des Ersten 칼 1세의 업적

Lektion 13 수사

5) 분수
- 1/2   ein Halb
- 1/3   ein Drittel
- 1/4   ein Viertel
- 2/3   zwei Drittel

6) 배수 : 기수 + fach
- **zweifach**   두배
- **hundertfach**   백배

7) 횟수 : 기수 + mal
- **einmal**   한 번
- **zweimal**   두 번
- **hundertmal**   백 번

8) 사칙연산
- **2+3 = 5**   2 plus(=und) 3 ist 5
- **5-2 = 3**   5 minus(=weniger) 2 ist 3
- **2×3 = 6**   2 mal 3 ist 6
- **6÷2 = 3**   6 durch (=geteilt durch) 2 ist 3

9) 화폐
- **1 €**   = ein Euro (100 Cent)
- **0, 50 €**   = fünfzig Cent
- **2, 90 €**   = zwei Euro neunzig (Cent)

10) 시간

Wie spät ist es? (= Wieviel Uhr ist es?) 지금 몇 시입니까?
- Es ist um 14 Uhr./ Es ist um 2 Uhr. 2시입니다.

새벽 4시	:	vier Uhr frühmorgens
아침 8시	:	acht Uhr morgens
오전 10시	:	zehn Uhr vormittags
오후 5시	:	fünf Uhr nachmittags
저녁 9시	:	neun Uhr abends
밤 11시	:	elf Uhr nachts
12시 자정	:	um Mitternacht

Deutsche Grammatik

Lektion 13　수사

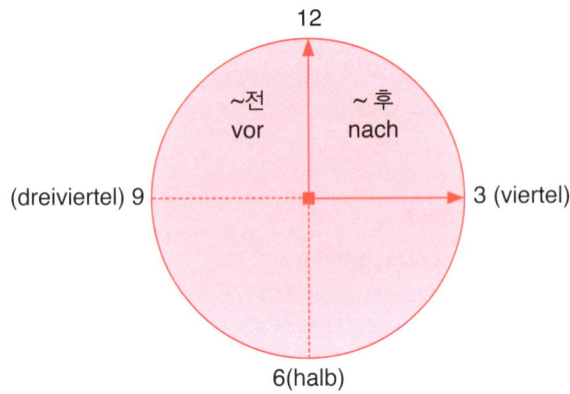

	공식적인 표현	일상적인 표현
10.00 Uhr	zehn Uhr	zehn Uhr
10.05 Uhr	zehn Uhr fünf	fünf nach zehn
10.15 Uhr	zehn Uhr fünfzehn	Viertel nach zehn/ Viertel (auf) elf
10.25 Uhr	zehn Uhr fünfundzwanzig	fünf vor halb elf
10.30 Uhr	zehn Uhr dreißig	halb elf
10.35 Uhr	zehn Uhr fünfunddreißig	fünf nach halb elf
10.45 Uhr	zehn Uhr fünfundvierzig	Viertel vor elf / Dreiviertel elf
10.55 Uhr	zehn Uhr fünfundfünfzig	fünf vor elf

* 시간을 나타내는 방법은 위의 표와 같이 두 가지 상황에 따라 달라질 수 있다. 공공기관에서의 안내방송과 같은 공식적인 상황에서는 혼동을 피하기 위해 시간과 분 단위에 따라 순차적으로 표현하지만 개인적이고 일상적인 상황에서는 정각, 15분, 30분, 45분 단위의 기준 시간을 중심으로 표현한다. Viertel은 1/4이라는 의미로 전체 60분을 기준으로 했을 때, 15분을 나타내며, halb는 1/2로 30분을, Dreiviertel은 3/4, 즉 45분을 나타낸다. 이때 주의해야 할 것은 특히 30분 단위의 경우 하나 앞선 시간을 기준으로 한다는 점이다. 예를 들어 12시 30분의 경우는 halb eins, 1시 30분의 경우는 halb zwei 등으로 나타낸다.

Lektion 14 부사 (Adverb)

독일어의 부사는 의미 범주에 따라 시간, 원인, 방법, 장소 부사로 분류될 수 있으며, 어미변화를 하지 않고 원형 그대로 쓰인다.

1 부사의 종류

1) 시간 : heute, gestern, morgen, vorgestern, übermorgen, morgens, täglich, nun, bald, gleich, häufig, immer, früher, neulich, jetzt, später, sofort

2) 원인 : darum, daher, deshalb, deswegen, dadurch, folglich

3) 방법 : ja, nein, doch, so, gern, genug, nur, etwa, fast, ziemlich, natürlich, sicher, gar, niemals, kaum, überhaupt, ungefähr, wahrscheinlich

4) 장소 : oben, unten, vorn, hinten, rechts, links, hier, dort, überall
: hin, her

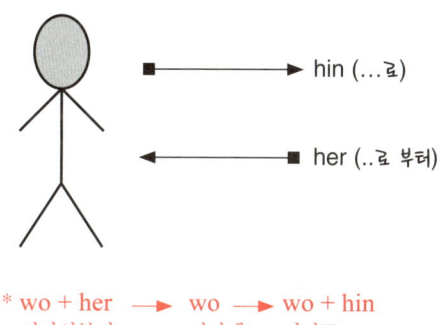

* wo + her → wo → wo + hin
   어디서부터   어디에   어디로

Wo sind Sie?   당신은 어디에 계십니까?
Wohin fahren Sie?   당신은 어디로 가십니까?
Woher kommen Sie?   당신은 어디에서 왔습니까?
Gehen Sie **dorthin**!   그쪽으로 가십시오!

Part 1　Grammatik | 문법

Kommen Sie **hierher**!　이쪽으로 오십시오!
Gehen Sie **hinaus**!　밖으로 나가십시오!
Kommen Sie **herein**!　안으로 들어오십시오!

2 부사의 쓰임

1) 동사 수식

Er läuft schnell. 그는 빨리 달린다.
Das Kind weint laut. 그 아이는 큰소리로 운다.

2) 형용사와 또 다른 부사 수식

Das Neugeborene hat **so** kleine Fingerchen.
그 신생아는 너무 작은 손가락을 가지고 있다.

Die Vorlesung war **sehr** interessant.
그 강의는 매우 흥미로웠다.

Der Unterricht bei Frau Mittag ist **ziemlich** langweilig.
Mittag 선생님의 수업은 상당히 지루하다.

3) 명사 수식

Der Mann **da oben** schaut immer zu uns herüber.
저기 위쪽에 있는 남자가 자꾸 우리 쪽을 쳐다본다.

Das Auto **hier vorn** gehört unserem Chef.
여기 앞에 있는 자동차가 우리 사장님 것이다.

3 부사의 어순

여러 개의 부사가 함께 나타날 경우, 부사의 위치는 의미 범주에 따라 다음과 같이 일정한 순서에 따른다.

시간(**Te**mporal) - 원인(**Ka**usal) - 방법(**Mo**dus) - 장소(**Lo**kal)

* 보통 시원방장 또는 TeKaMoLo 등의 방법으로 암기.

Ich war gestern/ wegen der Arbeit/ den ganzen Tag/ im Büro.
　　　　시간　　　　원인　　　　　방법　　　　　장소

Lektion 14　부사

> **Tipp!**
>
> ▶ 모든 종류의 부사가 한꺼번에 나타나는 경우는 그리 많지 않으나, 대개 시간과 장소는 함께 나타나는 경우가 빈번하다. 따라서 시간이 장소에 우선한다는 것만이라도 기억해 두자!
>
> Willst du <u>morgen Abend</u> <u>ins Kino</u> gehen? 너 내일 저녁에 극장에 갈거니?
> Ich fahre <u>jetzt</u> <u>zur Uni</u>. 나는 지금 학교에 간다.
>
> ▶ 부사는 형용사나 또 다른 부사 앞에서 수식하고, 명사를 수식할 경우에는 바로 뒤에 위치한다.
>
> Die Frau da drüben ist meine Kollegin. 저기 저쪽에 있는 여자는 내 동료이다.
>
> ▶ 시간과 방법의 부사는 목적어 앞에, 장소 부사는 목적어 뒤에 위치한다.
>
> Ich habe <u>heute Abend</u> <u>Zeit</u>. 나는 오늘 저녁에 시간이 있다.
> 　　　　↳ 시간부사　↳ 4격 목적어
> Ich esse <u>gern</u> Pizza. 나는 피자를 즐겨 먹는다.
> 　　　　↳ 방법부사
> Ich habe gestern die Frau <u>in einem Restaurant</u> gesehen.
> 　　　　　　　　　　　　　↳ 장소부사
>
> ▶ 시간의 부사끼리는 범주가 큰 순서대로 나타난다.
> Ich gehe heute Abend um 7 Uhr ins Fitnesscenter.
> 나는 오늘 저녁 7시에 헬스클럽에 간다.

❹ 부정사

독일어의 부정사로는 **nicht**와 **kein**이 있으며, 그밖에 **nie, niemand, nirgends** 등도 있다. **kein**은 명사를 부정할 때 쓰이며, **nicht**는 명사를 제외한 나머지를 부정할 때 쓰인다.

1) 부정사 nicht의 쓰임과 위치

부정사 **nicht**는 동사를 부정하거나 정관사를 수반하는 명사 부정에 쓰이며, 이때 동사 부정은 대부분 문장 끝에, 정관사 명사 부정은 정관사 앞에 자리한다. 그러나 문장 끝에 분리 전철이나 동사원형 및 과거분사처럼 술어의 두 번째 부분이 자리하고 있을 때에는 이들 바로 앞에 위치하며, 전치사구의 경우에도 마찬가지이다.

Part 1　Grammatik | 문법

Ich fand den Schlüssel **nicht**. 나는 그 열쇠를 찾지 못했다.
Du sagst mir **nicht** die Wahrheit! 너는 내게 진실을 말하지 않는구나!
Er ruft mich **nicht** an. 그는 나에게 전화를 하지 않는다.
Er hat mich **nicht** besucht. 그는 나를 찾아오지 않았다.
Man darf hier **nicht** rauchen. 여기에서 담배를 피우면 안 된다.
Der Bus fährt **nicht** nach Gangnam. 그 버스는 강남행이 아니다.

> **Tipp!**
> nicht의 위치에 따라 문장의 전체적인 의미가 달라질 수도 있다.
>
> Er hat nicht alle seine Kinder geliebt. → Nur einige Kinder hat er geliebt.
> 그는 자신의 아이들을 모두 사랑한 것은 아니었다. → 그는 몇 명의 아이들만 사랑했다.
>
> Er hat alle seine Kinder nicht geliebt. → Er hat keines seiner Kinder geliebt.
> 그는 자신의 아이들 모두를 사랑하지 않았다. → 그는 자신의 아이들 중 아무도 사랑하지 않았다.

2) 부정사 kein의 쓰임과 위치

kein은 부정관사를 동반하는 명사나 관사 없이 쓰이는 명사를 부정하는데 쓰인다.

Hast du einen Freund? - Nein, ich habe **keinen** Freund.
너는 남자친구 있니? - 아니, (나는 남자친구가) 없어.

Haben Sie Zeit? - Nein, leider habe ich **keine** Zeit.
시간 있으세요? - 아니오, 유감스럽게도 저는 시간이 없습니다.

3) ja/ nein/ doch

독일어에서 의문사가 없는 의문문은 결정의문문(Entscheidungsfrage)이라 하고, 결정의문문에 대한 답변은 ja, nein, doch로 할 수 있다. 긍정 의문에 대한 답변은 ja 또는 nein, 부정 의문에 대한 답변은 doch 또는 nein이다.

① 긍정의문문

　Sind Sie müde? 피곤하십니까?
　- Ja, ich bin müde. 네, 피곤합니다.
　- Nein, ich bin nicht müde. 아니오, 피곤하지 않습니다.

Lektion 14　부사

② 부정의문문

　Sind Sie nicht müde? 당신은 피곤하지 않습니까?
　- Doch, ich bin müde. 아니오, 피곤합니다.
　- Nein, ich bin nicht müde. 네, 피곤하지 않습니다.

> **Tipp!**
> 한국어의 경우는 다음과 같은 답변이 가능하다.
> – 그 여자 남자친구 없니? 응, 없어/ 아니, 있어.
> 위와 같은 한국식 표현을 그대로 독일어로 옮길 경우 다음과 같은 오류를 범할 수 있다.
> – Hat sie keinen Freund? *Ja, sie hat keinen Freund/ *Nein, sie hat einen Freund.
>
> 한국어의 경우는 긍정 대답과 뒤따르는 답변이 부정인 경우와 부정 대답과 뒤따르는 답변이 긍정인 경우가 가능하지만 독일어의 경우는 답변이 부정의 의미를 지니는 경우, 즉 nicht나 kein이 포함된 문장인 경우 대답은 항상 nein이다. 아울러 답변이 긍정의 의미를 지니는 경우, 즉 부정사가 없는 경우는 질문형이 긍정인 경우는 ja, 부정인 경우는 doch이다. 따라서 위의 예를 독일어의 올바른 표현으로 나타내면 다음과 같다.
>
> – Hat sie einen Freund?
> 　Nein, sie hat keinen Freund. / Ja, sie hat einen Freund.
> – Hat sie keinen Freund?
> 　Nein, sie hat keinen Freund. / Doch, sie hat einen Freund.

5 주요 부사구

eines Tages 어느 날/ einen(den) ganzen Tag 하루 종일/ jeden Morgen 매일 아침에 (jeden Tag 매일, jede Nacht 매일 밤)/ einen Augenblick 잠깐 동안 (= einen Moment)

Lektion 15 의문사 (Fragewörter)

독일어의 의문사는 기본적으로 Wann(언제), Wo(어디서), Wer(누가), Was(무엇을), Wie(어떻게), Warum(왜)와 같이 W로 시작하여 W-Frage라고도 한다. 의문사의 위치는 전치사와 함께 쓰이는 경우를 제외하고 항상 문장 맨 앞에 온다.

1 의문 대명사

1) wer (누구)/ was (무엇)

	사람(누구?)	사물(무엇?)
1격	wer	was
2격	wessen	wessen
3격	wem	-
4격	wen	was

1격 : Wer hat mich gefragt?　　Was ist das?
　　　누가 나에게 질문했습니까?　이것은 무엇입니까?

2격 : Wessen Buch ist das?　　Wessen erinnerst du dich?
　　　이것은 누구의 책입니까?　너는 무엇을(누구를) 기억하니?

　　　* 2격 의문대명사가 뒤따르는 명사를 수식할 경우, 명사의 관사는 쓰지 않는다.

3격 : Wem gehört dieses Auto?
　　　이 자동차는 누구의 것입니까?

4격 : Wen besucht er?　　　Was suchen Sie denn?
　　　그는 누구를 방문합니까?　당신은 도대체 무엇을 찾고 있습니까?

※ 전치사 결합형

　　의문대명사가 전치사와 함께 쓰일 경우, 사람을 의미하는 것은 전치사 뒤에 위치하고 für wen, mit wem, von wem 등과 같이 전치사의 격 지배에 따라 변화한다. 사물을 의미하는 것은 'wo + 전치사'의 형태로 쓰이며, 이때 모음으로 시작하는 전치사의 경우는 worauf, worum 등과 같이 wo 다음에 /r/을 첨가한다.

Lektion 15 — 의문사

사람: 전치사 + 의문대명사	사물: wo(r) + 전치사
• Mit wem fährst du? 너는 누구와 함께 가니? - Ich fahre mit meinem Freund. 나는 친구와 함께 간다. • Auf wen warten Sie? 당신은 누구를 기다리십니까? - Ich warte auf meine Frau. 나는 아내를 기다립니다.	• Womit fährst du? 너는 무엇을 타고 가니? - Ich fahre mit dem Auto. 나는 자동차를 타고 간다. • Worauf warten Sie? 당신은 무엇을 기다립니까? - Ich warte auf meinen Zug. 나는 기차를 기다립니다.

2) welcher
 – 정관사류

: '어떤'이라는 의미로, 지칭하는 대상이 선택적으로 한정되어있음.
: welch-에 대한 답은 정관사.
: 명사를 수식하는 부가어적 용법과 명사 없이 단독으로 쓰이는 명사적 용법의 경우 모두 정관사 어미변화를 함.

	m.	n.	f.	pl.
1.	welch*er*	welch*es*	welch*e*	welch*e*
2.	welch*es*	welch*es*	welch*er*	welch*er*
3.	welch*em*	welch*em*	welch*er*	welch*en*
4.	welch*en*	welch*es*	welch*e*	welch*e*

① 부가어적 용법

Welcher Mantel gehört Ihnen? 어떤 외투가 당신 것입니까?

- Der schwarze. 검은색이요.

Welches Hemd möchten Sie? 어떤 셔츠가 마음에 드십니까?

- Das blaue da. 저기 푸른색이요.

Mit welchem Bus fährst du? 너는 몇 번 버스를 타니?

- Mit dem Bus Nummer 14. 14번 버스.

Part 1   Grammatik | 문법

② 명사적 용법

Ich habe zwei Zimmer. Ein kleines und ein großes.
Welches möchten Sie?
두 개의 방이 있습니다. 작은 것과 큰 것. 어떤 것을 원하십니까?
- Das kleine. 작은 방이요.

Welche von seinen Töchtern ist am schönsten?
그의 딸들 중에서 어떤 딸이 가장 아름답습니까?
(= Welche seiner Töchter ist am schönsten?)
- Die dritte. 셋째 딸이요.

* sein 동사와 함께 쓰일 경우에는 항상 welches
Welches ist mein Koffer? 내 트렁크가 어떤 것이지?
Welches ist deine Tasche? 네 가방이 어떤 것이지?
Welches sind meine Bücher? 내 책들이 어떤 것이지?

3) was für ein
   – 부정관사류

: '어떤 종류의'라는 의미로, 지칭하는 대상이 뚜렷하지 않고 일반적임.
: was für ein-에 대한 답은 부정관사.
: 부가어적, 명사적인 어미변화가 동일하지 않음. 부가어적으로 쓰일 경우에는 부정관사류. 명사적으로 쓰일 경우에는 정관사류.

① 부가어적 용법 (부정관사류)

	m.	n.	f.	pl.
1.	was für ein	was für ein	was für ein*e*	was für -
2.	was für ein*es*	was für ein*es*	was für ein*er*	was für -
3.	was für ein*em*	was für ein*em*	was für ein*er*	was für -
4.	was für ein*en*	was für ein	was für ein*e*	was für -

Was für einen Mantel möchten Sie? 당신은 어떤 (종류의) 외투를 원하십니까?
- Einen dicken Mantel. 두꺼운 외투요.

Mit was für einem Zug fahren Sie? 당신은 어떤 (종류의) 기차를 타고 갑니까?
- Mit einem schnellen Zug. 빠른 기차를 타고 갑니다.

Lektion 15 의문사

② 명사적 용법 (정관사류)

	m.	n.	f.	pl.
1.	was für ein*er*	was für ein*s*	was für ein*e*	was für *welche*
2.	was für ein*es*	was für ein*es*	was für ein*er*	was für *welcher*
3.	was für ein*em*	was für ein*em*	was für ein*er*	was für *welchen*
4.	was für ein*en*	was für ein*s*	was für ein*e*	was für *welche*

Ich habe einen Job. 나는 직업이 있습니다.
- Was für einen? 어떤 직업이요?

Ich möchte einige Früchte. 나는 과일 몇 개를 원합니다.
- Was für welche? 어떤 과일이요?

2 의문부사

Wo wohnen Sie?	당신은 어디에 사십니까?
Wohin gehen Sie?	당신은 어디로 가십니까?
Woher kommen Sie?	당신은 어디에서 오셨습니까?
Wann essen Sie zu Mittag?	당신은 언제 점심을 드십니까?
Seit wann lernst du Deutsch?	너는 언제부터 독일어를 배우고 있니?
Bis wann bleiben Sie hier?	당신은 언제까지 여기에 있을 겁니까?
Wie geht es Ihnen?	어떻게 지내십니까?
Warum hast du noch nicht geschlafen?	너는 왜 아직 안 잤니?
Wieso hat er immer Verspätung?	그는 어째서 항상 늦지?
Weshalb sucht er mich?	무엇 때문에 그가 나를 찾지?
Wie alt sind Sie?	당신은 몇 살이십니까?
Wie oft besuchen Sie Ihre Eltern?	당신은 부모님을 얼마나 자주 찾아뵙습니까?
Wie lange dauert es?	얼마나 오래 걸릴까요?
Wie weit ist es von hier?	여기에서 얼마나 떨어져 있나요?
Wie viel Geld hast du noch?	돈이 얼마나 남아있니?
Wie viele Kinder haben Sie?	당신은 몇 명의 자녀가 있습니까?

* 셀 수 없는 명사의 경우는 wie viel, 셀 수 있는 명사의 경우는 wie viele.

Part 1 　 Grammatik | 문법

❸ 간접 의문문

간접의문문은 부문장으로, 의문사가 있는 경우에는 의문사가 문장을 이끌고 의문사가 없을 경우에는 ob이 문장을 이끈다. 간접의문문에서 동사는 문장 맨 끝에 자리한다.

Ich weiß nicht, wer mich besucht hat. 누가 나를 찾아왔었는지 모른다.
　　　　　　　wen er liebt. 그가 누구를 사랑하는지 나는 모른다.
　　　　　　　wem er die Blume geschenkt hat.
　　　　　　　그가 그 꽃을 누구에게 선물했는지 모른다.
　　　　　　　was Sie meinen. 당신이 무슨 말을 하는지 모릅니다.
　　　　　　　wann er kommt. 그가 언제 올지 모른다.
　　　　　　　ob er kommt. 그가 올지 안 올지 모른다.

Lektion 16 접속사 (Junktionen)

접속사는 단어들을 연결하기도 하지만 주로 문장들을 연결할 때 쓰인다. 문장은 독립적으로 쓰일 수 있는지의 여부에 따라 주문장(Hauptsatz)과 부문장(Nebensatz)으로 나뉜다. 주문장은 독립적으로 쓰일 수 있으며, 부문장은 독립적으로 쓰일 수 없다. 주문장과 주문장을 연결하는 접속사를 대등 접속사 또는 등위 접속사(Konjunktion)라 하며, 주문장과 부문장을 연결하는 접속사를 종속 접속사(Subjunktion)라 한다. 대등 접속사 뒤를 따르는 문장은 동사가 문장에서 두 번째 자리에 위치하는 정치법으로 쓰이고, 종속 접속사 뒤를 따르는 종속절은 동사가 항상 문장 맨 끝에 위치하는 후치법으로 쓰인다. 부문장끼리는 접속사로 연결될 수 없다.

> 주문장 + 대등 접속사 + 주문장(주어 + 동사)

Peter ist Student **und** Petra ist auch Studentin.
└→ 주문장 (주어 + 동사)   └→ 주문장 (주어 + 동사)

페터는 대학생이고 페트라도 대학생이다.

> 주문장 + 종속 접속사 + 부문장(주어 + 동사)

Ich bin müde, **weil** ich nicht genug geschlafen habe.
└→ 주문장 (주어 + 동사)   └→ 부문장 (주어 ····· 동사)

나는 잠을 충분히 못 잤기 때문에 피곤하다.

그밖에 접속사처럼 주문장과 주문장을 연결하는 부사들도 있으며, 이들은 접속사적 부사(Konjunktionaladverb) 또는 부사적 접속사라고 한다. 접속사적 부사가 이끄는 문장은 '동사 + 주어'와 같이 도치법으로 쓰인다.

Part 1　Grammatik | 문법

> 주문장 + 접속사적 부사 + 주문장 (동사 + 주어)

Er hat sich erkältet, **deswegen** hat er Kopfschmerzen.
　└ 주문장 (주어 + 동사)　　　　　└ 주문장 (동사 + 주어)
그는 감기에 걸렸고 그 때문에 두통이 있다.

1 대등 접속사 – 정치법

> aber(그러나), denn(왜냐하면), doch(그렇지만), oder(또는), und(그리고), nicht(kein) … sondern(…가 아니라 …이다)

Ich surfe im Internet, *und* meine Freundin liest ein Buch.
나는 인터넷을 한다. 그리고 내 여자 친구는 책을 읽는다.

Wir wollen ein Taxi nehmen, *aber* leider kommt keins.
우리는 택시를 타려한다. 하지만 유감스럽게도 한대도 오지 않는다.

Ich gehe nicht spazieren, *denn* es regnet zu stark.
나는 산책하러 가지 않는다. 왜냐하면 비가 너무 많이 오기 때문이다.

Er fragt mich etwas, *doch* ich kann es nicht beantworten.
그는 내게 무언가를 질문한다. 그렇지만 나는 대답할 수가 없다.

Wir gehen nicht zu Fuss, *sondern* wir fahren mit dem Bus.
우리는 걸어서 가지 않고, 버스를 타고 간다.

Ich nehme kein Eis, *sondern* eine Tasse Kaffee.
나는 아이스크림이 아니라 커피 한잔을 마시겠다.

Er arbeitet noch in seinem Büro, *oder* er könnte schon nach Hause gegangen sein.
그는 아직 사무실에 있거나 벌써 집에 갔을 수도 있다.

Lektion 16　접속사

2 종속 접속사 – 후치법

als(…했을 때), bevor(…전에), bis(…까지), da(…때문에), damit(…하기 위하여), dass(…하는 것), so … dass(너무 …해서 …하다), ehe(…전에), falls(…인 경우에), indem(…하면서), nachdem(…후에), obwohl(…에도 불구하고), seitdem(…한 이래로), sobald(…하자마자), während(…하는 동안에/…하는 반면에), weil(… 때문에), wenn(…할 때)

Als ich am Bahnhof ankam, war der Zug schon weg.
내가 역에 도착했을 때, 기차는 이미 떠나버렸다.

Bevor(=*ehe*) die Party vorbei war, bin ich nach Hause gegangen.
파티가 끝나기 전에 나는 집으로 갔다.

Bis ich einen Job finde, muss ich Geld sparen.
일자리를 찾을 때까지 나는 절약해야 한다.

Ich möchte ihm helfen, damit er bessere Noten bekommt.
그가 더 좋은 성적을 받게 하기 위해 그를 돕고 싶다.

Habe ich dir schon erzählt, *dass* ich ein Zimmer gefunden habe?
　　　　　　　　　　　　　　↳ 목적어(…한 것을)
내가 방을 구한 것을 너에게 말했던가?

Es tut mir Leid, *dass* er arbeitslos ist.
　↳ 가주어　　　↳ 진주어(…한 것은)
그가 일자리가 없어서 안됐다.

Sie ist stolz darauf, *dass* ihr Sohn die Aufnahmeprüfung bestanden hat.
　　　　　↳ 전치사 + dass(=da– + 전치사)/ stolz auf '…에 대해 자랑스러워 하는'
그녀는 아들이 입학시험에 합격한 사실에 대해 자랑스러워한다.

Er spricht *so* schnell, *dass* ich nichts verstehen kann.
그는 너무 빨리 말을 해서 나는 아무것도 이해할 수가 없다.

Ich jogge jeden Morgen, *indem* ich eine Radiosendung höre.
매일 아침 나는 라디오 방송을 들으면서 조깅을 한다.

Deutsche Grammatik ● 101

Part 1　Grammatik | 문법

Nachdem ich mein Studium abgeschlossen hatte, fand ich gleich einen Job.
그는 학업을 마친 후에 곧바로 일자리를 얻었다.
* nachdem 절은 주문장에 비해 하나 앞선 시제로 쓰인다.
  과거완료 - 현재완료(과거)/ 현재완료(과거) - 현재

Peter arbeitet fleißig, *obwohl* er müde ist.
페터는 피곤한데도 불구하고 열심히 일한다.

Seit(*dem*) er seine Freundin kennengelernt hat, ist er viel heiterer.
여자 친구를 만난 이후로 그는 훨씬 더 밝아졌다.

Sobald der Unterricht beendet ist, rufe ich dich an.
수업 끝나자마자 너에게 전화할게.

Während er arbeitet, isst er gar nichts.
그는 일하는 동안 아무것도 먹지 않는다.

Während ich Linkshänder bin, sind meine Geschwister Rechtshänder.
내가 왼손잡이인 반면에 내 형제들은 오른손잡이다.

Ich muss mit dem Bus fahren, *weil*(=*da*) mein Auto kaputt ist.
나는 자동차가 고장나서 버스를 타고가야 한다.

Wenn(=*falls*) es regnet, bleiben wir zu Hause.
비가 오면 우리는 집에 있을 것이다.

3 접속사로서의 부사 – 도치법

> also(그러니까, 그래서), außerdem(그밖에), da(그때), dabei(동시에), deshalb(= daher, darum, deswegen 그 때문에), danach(그 후에), dann(그러면, 그러고 나서), dennnoch(=trotzdem 그럼에도 불구하고), inzwischen(그 사이에), so(그러면, 그래서), sonst(그렇지 않으면)

Es ist schon 8 Uhr, *also* müssen wir uns beeilen.
벌써 8시다. 그러니까 우리는 서둘러야 한다.

Lektion 16 — 접속사

Ich muss bis morgen diese Aufgabe lösen. 내일까지 나는 이 과제를 해결해야 한다.
Außerdem gibt es noch andere Probleme. 그밖에 또 다른 문제들이 있다.

Ich habe die Frau aus dem Fenster gesehen. 나는 창밖으로 그 여자를 보았다.
Da ging sie gerade mit ihrem Hund spazieren.
그때 마침 그녀는 강아지와 함께 산책을 하고 있었다.

Er hilft seiner Frau kochen. 그는 아내가 요리하는 것을 돕는다.
Dabei sieht er ein Fußballspiel im Fernsehen.
동시에 그는 TV로 축구 경기를 시청한다.

Um 14 Uhr habe ich eine Vorlesung. *Danach* habe ich frei.
오후 2시에 나는 수업이 하나 있다. 그 후에는 자유시간이다.

Wenn ich mit der Arbeit fertig bin, *dann* rufe ich dich an.
일이 끝나면, (그러면) 전화할게.

Mein Bekannter ist krank, *deswegen* besuche ich ihn.
내가 아는 사람이 아프다. 그 때문에 나는 그를 방문한다.

Mein Sohn ist bis 15 Uhr im Kindergarten. 내 아들은 15시까지 유치원에 있는다.
Inzwischen muss ich unsere Wohnung aufräumen.
그 사이에 나는 집안을 청소해야 한다.

Lerne täglich mindestens 10 Stunden, *so* kannst du die Prüfung bestehen.
매일 최소한 10시간씩, 공부해라, 그렇게 하면 시험에 합격할 수 있다.

Brauchst du meine Hilfe, *so(=dann)* ruf mich immer an.
↳ (=Wenn du meine Hilfe brauchst) '…하면'의 의미로 쓰이는 조건절에서 wenn은 생략 가능하며, wenn이 생략될 경우에는 동사가 문장 맨 앞에 자리한다.

내 도움이 필요하면 언제든지 전화해라.

Du musst fleißig lernen, *sonst* bekommst du keine guten Noten.
너는 열심히 공부해야 한다. 그렇지 않으면 좋은 점수를 받지 못할 것이다.

Es regnet stark, *trotzdem*(=*dennoch*) spielen wir immer noch Fußball.
비가 많이 온다. 그럼에도 불구하고 우리는 여전히 축구를 한다.

Part 1 Grammatik | 문법

④ 상관 접속사

두 개의 접속사가 서로 연관되어 쓰이는 것을 상관접속사라하며, 상관접속사를 지닌 문장에서 동사는 각각의 접속사에 따라 다르다.

> entweder A oder B(A 또는 B), sowohl A als auch B(A도 B도), weder A noch B(A도 B도 아닌), nicht nur A sondern auch B(A 뿐만 아니라 B 역시), zwar A aber B (A이긴 하지만 B이다)

Im Urlaub fahre ich *entweder* ans Meer, *oder* (ich) bleibe einfach zu Hause.
휴가 때 나는 바닷가로 가거나 그냥 집에 있을 것이다.

Sie spricht *sowohl* Deutsch *als auch* Englisch.
그녀는 독일어도 영어도 한다.

Er ist *weder* im Büro *noch* zu Hause.
그는 사무실에도 집에도 없다.

Sie ist *nicht nur* schön, *sondern auch* intelligent.
그녀는 아름다울 뿐만 아니라 지적이기도 하다.

Das Haus ist *zwar* schön, *aber* es gefällt mir nicht gut.
그 집은 아름답긴 하지만 내 마음에 들지 않는다.

Lektion 16 접속사

5 접속사 → 전치사구

독일어 접속사 절은 동일한 의미의 전치사구로 전환될 수 있다.

의미범주	접속사	전치사
시간	wenn …할 때	bei …할 때
	als …했을 때	
	während …하는 동안에	während …동안에
	nachdem …한 후에	nach …후에
	bevor …하기 전에	vor …전에
	bis …할 때까지	bis(zu) …까지
	seitdem …한 이후로	seit …부터
원인	weil …때문에 da …때문에	wegen …때문에
목적	damit …을 하기 위하여	zu …을 위해
조건	wenn …하면	bei …경우에
양보	obwohl …임에도 불구하고 obgleich	trotz …에도 불구하고

Wenn er etwas isst, redet er immer zu viel.
그는 무언가 먹을 때 항상 너무 말을 많이 한다.
→ Beim Essen redet er immer zu viel.

Wenn die Ferien beginnen, fahre ich ans Meer.
휴가가 시작되면 나는 바다로 갈 것이다.
→ Bei Beginn der Ferien fahre ich ans Meer.

Als die Sonne aufging, ging ich erst ins Bett.
해가 뜰 무렵 나는 비로소 잠자리에 들었다.
→ Bei Sonnenaufgang ging ich erst ins Bett.

Part 1 Grammatik | 문법

Während ich jogge, höre ich immer Musik.
조깅하는 동안 나는 늘 음악을 듣는다.
→ Während des Joggens(=des Joggings) höre ich immer Musik.

Nachdem ich mein Studium abgeschlossen habe, werde ich nach Deutschland fliegen.
학업을 마치고 나서 나는 독일로 갈 것이다.
→ Nach dem Studium werde ich nach Deutschland fliegen.

Bevor man die Straße überquert, muss man nach links und rechts sehen.
길을 건너기 전에 좌우를 살펴야 한다.
→ Vor dem Überqueren der Straße muss man nach links und rechts sehen.

Lass uns im Cafe warten, bis der Zug abfährt!
기차가 출발할 때까지 카페에서 기다리자!
→ Lass uns im Cafe bis zur Abfahrt des Zuges warten!

Seitdem ich Sport treibe, werde ich immer gesünder.
운동을 한 이후로 나는 점점 건강해진다.
→ Seit dem Sporttreiben werde ich immer gesünder.

Ich kann heute nicht zur Arbeit, weil(=da) ich mich erkältet habe.
감기에 걸려서 오늘 나는 일하러 갈 수가 없다.
→ Wegen einer Erkältung kann ich heute nicht zur Arbeit.

Ich lerne jeden Tag sehr fleißig, damit ich meine Prüfung bestehe.
시험에 합격하기 위해 나는 매일 열심히 공부한다.
→ Zum Bestehen meiner Prüfung lerne ich jeden Tag sehr fleißig.

Wenn das Wetter schön ist, will ich mit meiner Familie einen Ausflug machen.
날씨가 좋으면 나는 가족과 함께 소풍을 가려고 한다.
→ Bei schönem Wetter will ich mit meiner Familie einen Ausflug machen.

Obwohl(=Obgleich) es regnet, spielen die Männer weiter Fußball.
비가 오는데도 불구하고 그 남자들은 계속해서 축구를 한다.
→ Trotz des Regens spielen die Männer weiter Fußball.

Lektion 16　접속사

Tipp!

▶ aber, doch는 접속사가 아니라 불변화사(Partikel)로 쓰일 수도 있으며, 주로 문장 안에서 강조 등의 의미를 나타낸다.

Hör doch mal auf! 제발 좀 그만해!
Das habe ich dir aber schon gesagt! 그건 내가 벌써 너한테 말했잖아!

▶ wenn과 als
wenn과 als는 둘 다 때를 나타내는 접속사로서, wenn은 '…할 때'의 의미로 현재 또는 미래에 일어날 일을 나타내며, als는 '…했을 때'의 의미로 과거의 어느 한 때 1회적으로 일어난 사건을 나타낸다. 단, 과거에 일어난 반복적인 일을 나타낼 경우에는 '…했을 때마다'의 의미로 wenn이 쓰인다.

— 현재 또는 미래의 사건
Wenn der Wecker klingelt, stehe ich gleich auf. 자명종이 울리면 나는 곧바로 일어난다.

— 과거의 반복적인 사건 Wenn
Wenn der Wecker klingelte, bin ich immer gleich aufgestanden.
자명종이 울릴 때 마다 나는 항상 곧바로 일어났다.

Wenn es geschneit hat, bin ich immer Ski fahren gegangen.
눈이 내리면 나는 항상 스키를 타러 갔다.

vgl.) wenn + auch '비록 … 이더라도'
Wenn der Wecker *auch* immer klingelt, kann ich nicht aufstehen.
자명종이 계속해서 울려도 나는 일어날 수가 없다.

— 과거의 1회적인 사건
Als der Wecker klingelte, ist das Baby aufgewacht und weinte laut.
자명종이 울렸을 때, 그 아기는 잠에서 깨어나 큰 소리로 울었다.

Als ich in Deutschland war, habe ich sehr fleißig gelernt.
독일에 있(었)을 때, 나는 매우 열심히 공부했다.

▶ also, so = deshalb, aus diesem Grund, folglich
so는 '그러면, 그렇게 하면' 등의 의미 외에도, '그래서, 그 때문에'와 같은 deshalb의 의미로 쓰일 수도 있다. 이 경우는 also와 동의어로 간주할 수 있다.

Als es regnete, hatte ich keinen Regenschirm, *also*(= *so*, *deshalb*) wurde ich total nass. 비가 왔을 때 나는 우산이 없었다. 그래서 온통 다 젖었다.

Du warst nicht im Büro, *so*(= *also*, *deshalb*) habe ich allein zu Mittag gegessen.
네가 사무실에 없었다. 그래서 나 혼자 점심을 먹었다.

Deutsche Grammatik

Lektion 17 명령법 (Imperativ)

명령문은 상대방에 대한 직접적인 요구나 충고, 지시사항 등을 나타내며, 2인칭 단수 du와 복수 ihr, 존칭 Sie에 따라 구분될 수 있다. 명령문에서 동사는 문장 맨 앞에 자리하며, 친칭 단수와 복수형에서는 du와 ihr를 쓰지 않고 동사만으로 구분하고 존칭에 대한 명령형에서는 반드시 Sie를 함께 쓴다. du와 ihr, Sie 각각의 동사형에서 어간 모음은 변하는 경우와 변하지 않는 경우로 나뉠 수 있고 동사 어미는 다음과 같은 기본적인 변화형을 따른다.

	du(단수 2인칭)	ihr(복수 2인칭)	Sie(단/복수 존칭)
현재 인칭어미	-st	-(e)t	-en
명령형	* -(e)!	-(e)t!	-en Sie!

Komm~~st~~ ~~du~~ doch mit! → Komm doch mit! (너) 같이 가자!
Kommt ~~ihr~~ doch mit! → Kommt doch mit! (너희들) 같이 가자!
Kommen Sie doch mit! (당신/ 여러분) 같이 가시지요!

* 동사 어간이 -d, -t, -m, -n로 끝날 때에는 e를 첨가함 : find-e, arbeit-e, atm-e, öffn-e
: Arbeite fleißig! 열심히 일해라! Öffne die Tür! 문 열어라!

1 어간 모음이 변하지 않는 경우

동사의 현재 인칭 변화형에서 규칙변화형 외에 단수 2, 3인칭의 어간 모음이 a → ä로 변하는 동사들은 명령형에서 변화하지 않는다.

예 Du schläfst gut. → Schlaf gut! 잘 자라!
　 Du läufst schnell. → Lauf schnell! 빨리 달려라!

Lektion 17   명령법

du	ihr	Sie
Fahr vorsichtig! Lauf schnell! Öffne die Tür! Ruf mich an! Schlaf gut! Steh auf! Warte mal!	Fahrt vorsichtig! Lauft schnell! Öffnet die Tür! Ruft mich an! Schlaft gut! Steht auf! Wartet mal!	Fahren Sie vorsichtig! Laufen Sie schnell! Öffnen Sie die Tür! Rufen Sie mich an! Schlafen Sie gut! Stehen Sie auf! Warten Sie mal!

2 어간 모음이 변하는 경우

동사의 현재 인칭 변화형에서 단수 2, 3인칭의 어간 모음이 단음 e → i, 장음 e → ie 로 변하는 동사들은 명령형에서 마찬가지로 어간 모음이 변화한다.

예) Du sprichst laut. → Sprich laut! 크게 말해라!
     Du siehst das genau. → Sieh das genau! 그걸 자세히 보아라!

du	ihr	Sie
Iss viel! Gib mir das Buch! Hilf mir! Lies das vor! Nimm Platz! Sieh nicht fern! Sprich laut! Vergiss mich nicht!	Esst viel! Gebt mir das Buch! Helft mir! Lest das vor! Nehmt Platz! Seht nicht fern! Sprecht laut! Vergesst mich nicht!	Essen Sie viel! Geben Sie mir das Buch! Helfen Sie mir! Lesen Sie das vor! Nehmen Sie Platz! Sehen Sie nicht fern! Sprechen Sie laut! Vergessen Sie mich nicht!

3 sein / haben

sein 동사와 haben 동사는 현재 인칭 변화형과 달리 특수하게 변화한다.

du	ihr	Sie
Sei ruhig! (Hab) keine Angst!	Seid ruhig! (Habt) keine Angst!	Seien Sie ruhig! (Haben Sie) keine Angst!

* 구어체에서 **haben**은 종종 생략된 체 쓰인다.

Deutsche Grammatik • 109

Part 1   Grammatik | 문법

4 청유형 – 복수 1인칭

Gehen wir zusammen spazieren! 우리 함께 산책하러 가자!

Wollen wir etwas essen! 우리 뭐 좀 먹자! (권유)

* Lass uns wetten! - 상대가 du
* Lasst uns wetten! - 상대가 ihr
  우리 내기하자!

> **Tipp!**
>
> ▶ 명령문은 문장 끝에 느낌표(Ausrufezeichen)외에 마침표(Punkt)를 사용할 수도 있다. 느낌표는 마침표보다 명령이나 지시의 느낌이 보다 강화된 표현이다. 아울러 명령문은 bitte, doch, schon, ja, mal 등과 같은 불변화사를 통해 보다 완곡하게 표현할 수 있다. 명령이나 지시의 강도는 예를 들어 다음과 같을 수 있다.
>
> Mach das Fenster zu! 창문 닫아라!
> Mach das Fenster zu. 창문 닫자.
> Mach bitte das Fenster zu! 창문 좀 닫아라!
> Mach bitte mal das Fenster zu! 창문 좀 닫자!
> Mach doch bitte mal das Fenster zu! 창문 조금만 닫아주라!

Lektion 18 재귀대명사 (Reflexivpronomen)

1 재귀대명사의 쓰임

재귀대명사는 동사의 행위가 주어 자신에게 돌아올 때 함께 쓰인다. 재귀적인 의미로 쓰일 경우에 한해 재귀대명사와 함께 쓰이는 일반 동사들을 임의적 재귀동사(Unechte reflexive Verben)라 하고, 항상 재귀대명사와 함께 쓰이는 동사들을 필수적 재귀동사(Echte reflexive Verben)라 한다.

1) 임의적 재귀동사

재귀적으로 쓰이는 경우와 일반적으로 쓰이는 경우의 의미는 동일하며, 단지 동사의 행위가 주어 자신에게 돌아오는지 여부에 따라 재귀대명사를 함께 사용하는 것.

Ich stelle Herrn Kim vor. 미스터 김을 소개하겠습니다.
Ich stelle *mich* vor. 제 소개를 하겠습니다. (mich 4격 재귀대명사)

Er ärgert mich oft. 그는 종종 나를 화나게 한다.
Er ärgert *sich* oft über mich. 그는 종종 나에게 화를 낸다. (sich 4격 재귀대명사)

Ich setze das Kind auf den Stuhl. 나는 그 아이를 의자에 앉힌다.
Ich setze *mich* auf den Stuhl. 나는 의자에 앉는다. (sich 4격 재귀대명사)

2) 필수적 재귀동사

일반적으로 재귀동사라 하면 필수적 재귀동사를 의미하며, 항상 재귀동사로만 쓰이는 경우 외에도 일반동사와 형태는 동일하지만 재귀동사로 쓰일 경우 의미가 달라지는 것도 포함된다.

Ich freue *mich*. 나는 기쁘다.
Hast du *dich* erkältet? 감기 들었니?

Er hat das *versprochen*. 그는 그것을 약속했다.
Er hat *sich versprochen*. 그는 실언을 했다.

* befinden 판단하다/ sich befinden …한 상태에 있다.
  verhalten 억제하다/ sich verhalten …한 상태를 취하다.
  leisten 실행하다/ sich leisten 구입하다.
  merken 알아차리다/ sich merken 명심하다.
  vornehmen 실행하다/ sich vornehmen 결심하다.
  wundern 놀라게 하다/ sich wundern 의아하게 여기다.

Part 1 Grammatik | 문법

2) 재귀대명사의 격변화

재귀대명사는 3격이나 4격으로 쓰이며 ich, du, wir, ihr의 경우에는 인칭대명사와 동일한 형태로 나타나고 나머지는 모두 sich로 나타난다.

	ich	du	er/ sie/ es/ sie(Sie)	wir	ihr
3격	*mir*	*dir*	*sich*	*uns*	*euch*
4격	*mich*	*dich*	*sich*	*uns*	*euch*

3) 재귀대명사의 격구별

일정한 격을 지배하는 필수적 재귀동사 외에 일반적으로 재귀대명사는 4격 목적어의 유무에 따라 격이 결정된다. 4격 목적어가 있는 경우에 재귀대명사는 3격이 쓰이고, 그 외에 목적어가 없는 경우나 전치사격 목적어 등이 나타나는 경우에는 4격 재귀대명사가 쓰인다.

1) 3격 재귀대명사

주어 + 동사 + sich³ + 4격 목적어

Ich wasche *mir* die Hände. 나는 손을 씻는다.
Ich wünsche *mir* einen guten Job. 나는 좋은 일자리를 원한다.

2) 4격 재귀대명사

주어 + 동사 + sich⁴ + 그외 (무목적어/ 2격 · 3격 · 전치사격 목적어)

Ich wasche *mich*. 나는 씻는다.
Ich interessiere *mich* für Sport. 나는 스포츠에 관심이 있다.

Lektion 18　재귀대명사

4 재귀대명사의 위치

1) 정치법

> 주어 + 동사 + sich …

Ich kämme *mir* die Haare. 나는 머리를 빗는다.
Ich frage *mich* nach seiner Absicht. 나는 그의 의도가 궁금하다.

2) 도치/ 후치법

> 명사 앞 : sich + 명사
> 대명사 뒤 : 대명사 + sich

Hat *sich* der Lehrer geärgert? 선생님은 화났니?
Haben Sie *sich* geärgert? 당신은 화났습니까?

5 재귀대명사와 인칭대명사의 구별

재귀대명사들 가운데 인칭대명사의 형태와 동일한 경우에는 주어와의 동일 인칭 여부를 통해 쉽게 구분이 가능하다.

■ 주어와 동일 인칭일 때 → 재귀대명사

> ich = mir/mich, du = dir/dich …

Ich ziehe *mir* die Schuhe aus. 나는 신발을 벗는다.
Ich bedanke *mich* für Ihre Mühe. 당신의 노고에 감사드립니다.

■ 주어와 동일 인칭이 아닐 때 → 인칭대명사

> ich ≠ dir/dich/sich, du ≠ mir/mich/sich …

Ich wünsche *dir* viel Glück. 너의 행운을 빈다.
Ich kämme *dich*. 내가 너의 머리를 빗겨줄게.

Part 1　Grammatik | 문법

❻ 격지배 재귀동사

필수적 재귀동사는 3격 또는 4격 재귀대명사를 수반하는 것에 따라 각각 3격 재귀동사, 4격 재귀동사로 구분된다.

1) 3격 재귀 동사

4격 목적어의 여부와 상관없이 항상 3격 재귀대명사와 결합하는 동사.

> s.(sich) leisten, s. merken, s. vornehmen, s. vorstellen …

Ich kann *mir* kein teures Auto leisten. 나는 비싼 자동차를 살 수가 없다.
Nehmen Sie *sich* nicht zu viel vor! 너무 많은 계획을 세우지 마세요!
Ich kann *mir* das nicht vorstellen. 나는 그것을 상상할 수 없다.
Merk *dir* das! 그것을 명심해라!

2) 4격 재귀 동사

목적어의 유무와 상관없이 항상 4격 재귀대명사와 결합하는 동사.

> s. beeilen, s. befinden, s. erkälten, s. irren, s. kümmern,
> s. schämen, s. verhalten, s. wundern …

Du musst *dich* beeilen. 너는 서둘러야 한다.
Er befindet *sich* auf dem Land. 그는 시골에 있다.
Ich habe *mich* erkältet. 나는 감기에 걸렸다.
Wir haben *uns* geirrt. 우리는 잘못 생각했다.
Die Mutter kümmert *sich* um ihre Kinder. 어머니는 아이들을 돌본다.
Ich schäme *mich*. 나는 부끄럽다.
Er verhält *sich* höflich. 그는 예의바르게 행동한다.
Ich wundere *mich* über sein Verhalten. 나는 그의 태도가 이상하게 생각된다.

Lektion 18 — 재귀대명사

> **Tipp!**
>
> ▶ 재귀대명사는 selbst나 selber와 함께 강조의 의미를 나타낼 수 있다. 단, 재귀동사의 경우에는 함께 쓰지 않는다.
>
> Der Psychologe beobachtete sich genau. 그 심리학자는 자기 자신을 자세히 관찰한다.
> → Der Psychologe beobachtete sich selbst genau.
>
> Der Reisende beeilte sich.
> → Der Reisende beeilte sich selbst. (×)
>
> ▶ 상호간의 관계를 분명하게 하기 위해서는 **gegenseitig**를 재귀대명사와 함께 쓸 수 있다. '재귀대명사 + gegenseitig'는 einander로 대체될 수 있다. 이때 주어는 항상 복수여야 한다.
>
> Die Frauen helfen ***sich gegenseitig***. = Die Frauen helfen ***einander***.
> 그 여자들은 서로 서로 돕는다.
>
> Die Absolventen gratulieren einander. 그 졸업생들은 서로 서로 축하한다.
>
> Die Gäste begrüßten einander. 그 손님들은 서로 서로 인사를 나누었다.
>
> ▶ einander는 전치사와 결합하여 쓰이기도 한다.
>
> Die Kinder standen ***nebeneinander***. 그 아이들은 나란히 서있었다.
>
> Die Hefte lagen ***durcheinander***. 그 노트는 이리저리 놓여있었다.
>
> Die Geschwister dachten ***aneinander***. 그 형제들은 서로에 대해 생각했다.

Lektion 19 비인칭 동사 (Unpersönliches Verb)

독일어의 'es'는 중성 명사 1격과 4격을 대신하는 대명사로서의 쓰임 외에 어떠한 의미도 없이 형식적인 기능만을 담당하는 비인칭 주어로 쓰이기도 한다. 이와 같은 'es'만을 주어로 삼는 동사를 비인칭 동사라 한다.

1 기후 현상을 나타내는 비인칭 동사

Es regnet. 비가 오다.
Es schneit. 눈이 오다.
Es donnert. 천둥이 치다.
Es blitzt. 번개가 치다.

2 날씨, 시간, 계절, 날짜를 나타내는 비인칭 주어 es

Es ist kalt. 날이 춥다.
Es ist windig. 바람이 분다.
Es ist 14 Uhr. 2시이다.
Es ist Frühling. 봄이다.
Es ist dunkel. 어둡다.
Es wird dunkel. 어두워진다.
Es ist schon spät. 이미 늦었다.
Heute ist (es) der 1. März 2002. 오늘은 2002년 3월 1일이다.

* 날짜, 요일 앞에 시간의 부사가 있을 때, es는 생략 가능
  Es ist heute Sonntag. → Heute ist Sonntag. 오늘은 일요일이다.

3 감정, 감각을 나타내는 비인칭 동사

Es geht mir gut. 나는 잘 지낸다.
Es gefällt mir gut. 내 마음에 든다.
Es tut mir leid. 유감입니다.
Es hungert mich. 배고프다.
Es friert mich. 춥다.

Lektion 19 비인칭 동사

❹ 중요한 비인칭 동사 구문

> es gibt + 4격 …이 존재하다
> es geht um + 4격 …이 중요하다
> es handelt sich um + 4격 …에 대한 문제이다
> es fehlt jmd. an + 3격 …에게 …이 부족하다

Gibt es etwas Neues? 뭐 새로운 거 있니?
Es geht mir um die Gesundheit meiner Familie. 내게는 가족의 건강이 중요하다.
Es handelt sich um eine Kindesmißhandlung. 이것은 아동학대에 관한 문제이다.
Es fehlt mir an Zeit und Geld. 나에겐 시간과 돈이 부족하다.

Tipp!

'*es*'는 대명사나 형식적인 주어 외에도 문체적 수단으로서 주어를 강조하고자 할 경우에 대신해서 쓰이기도 한다. 본래 동사 앞자리에 위치하는 주어를 동사 뒤로 옮길 경우 강조의 의미를 나타낼 수 있으며, 이때 비어있는 동사 앞자리에 본래의 주어를 대신해서 '*es*'가 사용되곤 한다.

Ein schwerer Unfall hat sich gestern ereignet. 어제 심각한 사고가 일어났다.
→ *Es* hat sich gestern *ein schwerer Unfall* ereignet.

Deutsche Grammatik ● 117

Lektion 20 부정대명사 (Indefinitpronomen)

1 부정대명사

1) man 사람들 : 3인칭 단수 취급

Man darf hier nicht rauchen.
(사람들은) 여기에서 담배를 피우면 안 된다.

In der Bibliothek soll *man* sich nicht laut unterhalten!
도서관에서 (사람들은) 큰소리로 이야기하면 안 된다!

* man은 일반적인 사람들을 의미하므로 별도의 해석이 필요치 않는 경우가 많다. 예를 들어 위의 예문에서 '사람들은 여기에서 담배를 피우면 안된다'라고 해석할 경우, 담배를 피우는 행위 자체에 이미 행위자가 사람이라는 것이 내포되어 있는 것이므로 불필요한 언급이라 할 수 있겠다.

2) einer
(↔ keiner)
하나/ 한사람

: 사람, 사물 모두 지시. ein- + 정관사 어미변화

	m.	f.	n	pl.
1.	ein*er*	ein*e*	ein(*e*)*s*	welch*e*
2.	(ein*es*)	(ein*er*)	(ein*es*)	(welch*er*)
3.	ein*em*	ein*er*	ein*em*	welch*en*
4.	ein*en*	ein*e*	ein(*e*)*s*	welch*e*

* 2격형은 쓰임이 많지 않음. welch-형은 복수 외에 물질명사의 경우 ein- 대신에 쓰이기도 함.

(1격) Ich warte auf den Bus. Da kommt *einer*.
　　　　　　　　　　　　　　　　　　└ ein Bus의 1격
나는 버스를 기다리고 있다. 저기 한 대가 오다.

(2격) Nach dem Vorschlag *eines*(= von jemandem) machten wir eine kleine Pause.
어떤 사람(누군가)의 제안에 따라 우리는 잠깐 휴식시간을 가졌다.

(3격) Das Auto gehört *einem* unserer Nachbarn.
　　　　　　　　　　　└ ein Nachbar의 3격
그 자동차는 우리 이웃들 중의 한 사람 것이다.

Lektion 20   부정대명사

(4격) Haben Sie einen Kugelschreiber? 볼펜 한 자루 있어요?
- Ja, ich habe *einen*. 네, 하나 있습니다.
  └→ ein Kugelschreiber의 4격
- Nein, ich habe keinen. 아니오, 없습니다.

(복수) Haben Sie farbige Kugelschreiber? - Ja, ich habe *welche*.
색깔 있는 볼펜 몇 자루 있어요? – 네, 몇 개 있습니다.

* Das Bier ist gut. Ist noch *welches* da?
맥주가 맛있네. 좀 더 있어?
Der Wein schmeckt nicht schlecht. Sollen wir noch *welchen* bestellen?
와인 맛이 나쁘지 않네. 우리 좀 더 주문할까?   └→ 남성 4격

(부정) *Keiner* weiß, dass ich hier bin. 내가 여기 있다는 것을 아무도 모른다.

3) jemand
 (↔ niemand)
 누군가

: 2격 -(e)s, 3격 -(em), 4격 -(en)

Jemand hat geklingelt, aber *niemand* steht vor der Tür.
누군가 벨을 울렸는데, 문밖에는 아무도 없다.

Hast du *jemandem* davon erzählt? 너는 그것에 대해 누군가에게 이야기했니?

4) jeder, jede,
 jedes
 각자/ 각각의

: 대명사('각자')로도 쓰이고 부가어('각각의')로도 쓰임. jed- + 정관사 어미변화.

	m.	f.	n.
1.	jed*er*	jed*e*	jed*es*
2.	jed*es*	jed*er*	jed*es*
3.	jed*em*	jed*er*	jed*em*
4.	jed*en*	jed*e*	jed*es*

* '각각의…'라는 의미에 따라 복수형이 없음.
'각각의…'라는 의미는 '모든'이라는 의미와 상충한다.

Jeder von uns ist schuldig. 우리들 각자(우리 모두가) 책임이 있다.

Die Großmutter hat *jedem* Enkel ein Geschenk gegeben.
할머니는 각각의 손자에게 선물을 하나씩 주었다.

Deutsche Grammatik ● 119

Part 1 Grammatik | 문법

5) irgendwer (-einer, -jemand) 그 누군가

: irgend- + -was(그 어떤 것), wie(그 어떤 식으로든), wo(그 어디에), wann(그 언젠가)

Irgendwer hat nach Ihnen gefragt.
누군가 당신에 대해 물었습니다.

Wir müssen dieses Problem *irgendwie* lösen.
우리는 이 문제를 어떻게든 풀어야 한다.

Du wirst mich *irgendwann* gut verstehen können.
너는 언젠가는 나를 잘 이해할 수 있을 거다.

6) etwas (↔ nichts) 무언가

: 무변화

Ich habe dir *etwas* mitgebracht. 너에게 무언가 가져왔다.

Ich möchte *etwas* essen. 나는 뭐 좀 먹고 싶다.

Wir haben *nichts* von ihm gehört. 우리는 그에 대해 아무것도 들은 것이 없다.

❷ 부정수사

1) all- 모든-

① 대명사 : **all-** + 정관사 어미변화 (중성 단수 - 사물/ 복수 - 사람)

복수 정관사 어미변화는 '모든 사람'. 중성 정관사 어미변화는 '모든 것'.

	사물(모든 것)	사람(모든 사람)
1.	all*es*	all*e*
2.	all*es*	all*er*
3.	all*em*	all*en*
4.	all*es*	all*e*

Alle verlassen den Saal. 모든 사람들이 홀을 나간다.

Haben Sie *alles* verstanden? 모든 것을 이해하셨습니까?

Lektion 20　부정대명사

② 부가어 : **all-** + 정관사 어미변화 (복수 - 사람, 사물)

Alle Kinder singen laut. 모든 아이들이 큰 소리로 노래를 부른다.

Ich habe *alle wichtigen* Regeln gelernt. 나는 중요한 모든 규칙들을 배웠다.
　　　↳ all-은 정관사류이기 때문에 뒤따르는 형용사는 '정관사 + 형용사 어미변화'

2) viel-/ wenig- 많은-/ 적은-

① 대명사 : **viel-/wenig-** + 정관사 어미변화 (중성 단수 - 사물/ 복수 - 사람)

Vieles ist noch unklar. 많은 것이 아직 분명치 않다.

Er hat schon *vielen* geholfen. 그는 이미 많은 이들을 도왔다.
　　　↳ 복수 3격

Das wissen nur *wenige*. 그것을 아는 사람은 몇 명밖에 없다.
　　　↳ 복수 1격

② 부가어 : **viel-/wenig-** + 형용사 어미변화

Ich habe *viele* Freunde. 나는 친구들이 많다.

Im Garten blühen *viele bunte* Blumen. 정원에 색색의 꽃들이 많이 피어있다.
　　　↳ viel-과 bunt-는 둘 다 Blumen을 수식하는 형용사.

Ich habe nur *wenige* Freunde. 나는 몇몇 친구들 밖에 없다.

③ 물질, 추상명사 앞에 **viel, wenig**는 무변화

Ich habe *viel* Geld. 나는 돈이 많다.

Wir haben heute nur *wenig* Zeit. 우리는 오늘 시간이 조금밖에 없다.

3) einig- 몇몇의-

: 대명사로도, 부가어로도 쓰임.

Ich brauche *einige blaue* Kugelschreiber. 나는 파랑색 볼펜 몇 자루가 필요하다.
　　　↳ viel-과 동일한 쓰임. einig-와 blau-는 둘 다 형용사.

Einige meiner besten Freunde sind schon verheiratet.
↳ 복수 1격　↳ 복수 2격(von meinen besten Freunden)
내 친한 친구들 중의 몇몇은 이미 결혼했다.

Deutsche Grammatik ● 121

Part 1　　**Grammatik** | 문법

4) ein bisschen 약간/ ein paar 몇몇의

: 무변화

Ich bin *ein bisschen* müde. 나는 약간 피곤하다.

Vor *ein paar* Tagen habe ich die Frau getroffen. 며칠 전에 나는 그 여자를 만났다.

> ※ 주의!!
> ein paar는 복수 명사 앞에서 부가적으로 쓰이지만 격에 따라 변화하지 않으며, 수식하는 복수 명사의 관사는 쓰이지 않는다. ein Paar '한 쌍'과 혼동 주의.
>
> ㉔ Sie kauft *ein Paar* Handschuhe. 그녀는 장갑 한 켤레를 산다.
> 　　Sie sind *ein schönes Paar*. 그들은 아름다운 한 쌍이다.

Tipp!

▶ man(=people), einer(=one), keiner(=no one), jemand(=somebody), niemand(=nobody), jeder(=each), irgendwer(=someone), etwas(=something), nichts(=nothing), alles(=all), vieles(=many, much), weniges(=little), einiges(=a few)

▶ wenig는 '조금이라도 있다'는 의미가 아니라 '조금 밖에 없다'는 뜻의 부정과 결핍을 나타낸다. 긍정의 의미를 나타내어 '얼마간이라도 있다'의 의미는 einig.

　vgl.) Ich habe *wenige* Freunde. 나는 친구가 별로 없다.
　　　 Ich habe *einige* Freunde. 나는 몇 명의 친구가 있다.

▶ etwas는 '약간'의 의미를 나타내기도 한다.

　vgl.) Haben Sie *etwas*(= ein bisschen) Zeit für mich? 시간 좀 있으세요?

▶ 부정 수사들이 명사적으로 쓰일 경우에는 항상 정관사 어미변화를 하며, 사람인 경우 복수 정관사, 사물인 경우 중성 정관사 어미변화를 한다. 그에 비해 부정 수사들이 부가어적으로 쓰일 경우에는 정관사 어미변화를 하는 부류와 형용사 어미변화를 하는 부류로 나뉜다. 이들 두 가지 부류는 부정 수사가 직접적으로 복수 명사를 수식하는 경우에는 구분되지 않으며(* 복수 명사를 부정수사가 수식할 경우에는 관사가 함께 쓰이지 않으므로 형용사 어미변화와 정관사 어미변화 형태가 동일하기 때문), 또 다른 부가어와 함께 쓰일 경우에 구분이 가능하다.

Lektion 20 — 부정대명사

Tipp!

vgl.) Ich habe *alle* Regeln gelernt.
Ich habe *viele* Regeln gelernt.

Ich habe ***alle** wichtigen* Regeln gelernt.
　　　　↳ 정관사류

Ich habe ***viele** wichtige* Regeln gelernt.
　　　　↳ 형용사어미변화

위의 예에서 all-은 부가어로 쓰일 경우 정관사 어미변화를 하며, viel-은 형용사 어미변화를 한다. 이와 같이 두 부류로 나뉘는 부정 수사들은 다음과 같다.

정관사 어미변화	형용사 어미변화
all- manch- beid-	viel- wenig- einig- *mehrer-

* mehrer는 '**몇몇의-, 여러 개의-**'를 의미하여 mehrere Male(여러 번), mehrere Autos(여러 대의 자동차)와 같이 쓰이며, viel의 비교급인 mehr(더 많은)의 의미처럼 비교의 의미 기능은 없음에 주의.

Lektion 21 관계대명사 (Relativpronomen)

독일어의 관계대명사는 선행사를 수식하면서 성, 수, 격에 따라 변화한다. 관계대명사의 성과 수는 선행사에 따라 결정되고, 격은 관계문의 동사에 따라 결정된다. 관계문의 동사는 항상 문장 끝에 자리하며, 관계대명사 바로 앞에는 반드시 콤마(,)를 삽입한다.

Das ist mein Freund. Der Freund hat mich gestern besucht.
→ Das ist mein Freund, *der* mich gestern besucht hat.
　　　　　↳ 선행사　　↳ 관계대명사　　　　　　↳ 동사 후치
이 사람이 어제 나를 찾아왔던 친구입니다.

관계대명사는 선행사의 유무에 따라 정관계대명사와 부정관계대명사로 나뉜다.

1 정관계대명사

정관계대명사는 der/die/das와 welcher/welche/welches의 형태로 관계문 맨 앞에서 문장을 이끌면서 주문장의 선행사를 수식한다.

	m.	n.	f.	pl.
1.	der (welcher)	das (welches)	die (welche)	die (welche)
2.	dessen	dessen	deren	deren
3.	dem (welchem)	dem (welchem)	der (welcher)	denen (welchen)
4.	den (welchen)	das (welches)	die (welche)	die (welche)

정관계대명사는 위의 표에서 나타나는 바와 같이 남성, 여성, 중성 단수 2격과 복수 2, 3격을 제외하고 모두 정관사 변화형과 동일하다. 정관계대명사는 der형과 welcher형 모두 쓰일 수 있으나 welcher형은 der형에 비해 비교적 드물게 쓰이고, 주로 관계문에서 뒤이어 나타나는 정관사와 중복을 피하기 위해 사용된다.

Die Frau ist meine Mutter. Der Mann hilft der Frau.
→ Die Frau, **der der Mann** hilft, ist meine Mutter.
　　　　　　↳ der Frau
= Die Frau, **welcher der** Mann hilft, ist meine Mutter.
그 남자가 돕고있는 부인이 내 어머니입니다.

Lektion 21　관계대명사

1) 1격　　Der Schüler ist fleißig. *Der Schüler* hilft mir.
　　　　그 학생은 부지런하다. 그 학생은 나를 돕는다.
　　　　→ Der Schüler, ***der*** mir hilft, ist fleißig. 나를 돕는 그 학생은 부지런하다.

2) 2격　　Der Schüler ist fleißig. Der Vater *des Schülers* ist mein Freund.
　　　　그 학생은 부지런하다. 그 학생의 아버지는 내 친구이다.
　　　　→ Der Schüler, ***dessen*** Vater mein Freund ist, ist fleißig.
　　　　아버지가 나의 친구인 그 학생은 부지런하다.
　　　　* 관계대명사 2격이 쓰일 경우 뒤따르는 피수식어는 관사를 쓰지 않음.

3) 3격　　Der Schüler ist fleißig. Ich habe *dem Schüler* ein Buch gegeben.
　　　　그 학생은 부지런하다. 나는 그 학생에게 책 한권을 주었다.
　　　　→ Der Schüler, ***dem*** ich ein Buch gegeben habe, ist fleißig.
　　　　내가 책 한권을 주었던 그 학생은 부지런하다.

4) 4격　　Der Schüler ist fleißig. Man lobt *den Schüler*.
　　　　그 학생은 부지런하다. 사람들은 그 학생을 칭찬한다.
　　　　→ Der Schüler, ***den*** man lobt, ist fleißig.
　　　　사람들이 칭찬하는 그 학생은 부지런하다.

2 부정관계대명사

부정관계대명사는 wer/was의 형태로, 선행사가 별도로 존재하지 않고 관계문 자체에 선행사가 포함된 의미로 '…하는 사람'이나 '…하는 것'의 의미로 쓰인다. 정관계대명사로 시작하는 관계문이 주로 주문장 뒤에서 선행사를 수식하는 데 비해, 부정관계대명사로 시작하는 관계문은 후행사로 시작하는 주문장 앞에 위치한다. 이때 후행사는 지시대명사로 쓰인다 :

wer- (…하는 사람), der (그 사람)/ was- (…하는 것), das (그것)
　↳ 부정관계대명사　　↳ 후행사(지시대명사)

	사람	사물
1.	wer	was
2.	wessen	wessen
3.	wem	-
4.	wen	was

Deutsche Grammatik ● 125

Part 1   Grammatik | 문법

1) wer

부정관계대명사 wer는 관계문의 동사에 따라 격변화를 한다.

1격 : *Wer* fertig ist, *(der)* darf gehen.
다 끝난 사람(그 사람)은 가도 좋다.

2격 : *Wessen* Eltern gesund sind, *der* ist glücklich.
부모님이 건강한 사람(그 사람)은 행복하다.

3격 : *Wem* du hilfst, *der* hilft dir auch.
네가 돕는 사람(그 사람)이 역시 너를 도울 것이다.

4격 : *Wen* Sie loben, *der* lobt Sie auch.
당신이 칭찬하는 사람(그 사람)이 역시 당신을 칭찬할 것이다.

2) was

■ 부정관계대명사 was 역시 관계문 동사의 격지배에 따라 변화한다.

1격 : Was mir fehlt, das muss ich ergänzen.
부족한 것을 나는 보충해야 한다.

2격 : Wessen du bedarfst, das such doch selbst!
필요한 것은 스스로 구해라!

4격 : Was du mich gefragt hast, (das) beantworte ich nicht.
네가 나에게 물은 것을 나는 대답하지 않겠다.

■ 부정관계대명사 was의 3격은 독립적으로 쓰이지 않으며, 전치사와의 결합형만으로 나타난다. 이때 사물의 의미인 was와 전치사의 결합형은 다시 'wo(r) + 전치사'의 형태로 변형되어 쓰인다.

* *Mit was* ich nicht gerechnet habe, war sein Charakter.
→ *Womit* ich nicht gerechnet habe, war sein Charakter.
내가 미처 생각지 못했던 것은 그의 성격이었다.

Lektion 21 관계대명사

* 다음과 같이 부정대명사와 후행사인 지시대명사의 격이 1격, 4격으로 일치할 경우에는 지시대명사 생략 가능.
  ⟨1격⟩ wer/ was → der/ das
  ⟨4격⟩ wen/ was → den/ das

  Wer zu viel arbeitet, kann unter Stress stehen. (1격 der 생략)
  너무 많이 일을 하는 사람은 스트레스를 받을 수 있다.

  Was er gesagt hat, habe ich gar nichts verstanden. (4격 das 생략)
  그가 말한 것을 나는 전혀 아무것도 이해하지 못했다.

- was는 특정한 몇몇 선행사들을 수식하는 관계대명사로 쓰이기도 한다.

  Ich habe *etwas* gesehen, *was* glänzt. 나는 반짝이는 무언가를 보았다.

  ※ **was**의 선행사

  → **das, etwas, nichts**

  Das, was(=Was) er sagt, gefällt mir nicht.
  그가 하는 말은 내 마음에 들지 않는다.
  Du hast *etwas* gemacht, was verboten ist. 너는 금지된 (어떤)것을 했다.
  Ich habe *nichts*, was du brauchst.
  네가 필요로 하는 것을 나는 아무것도 가지고 있지 않다.

  → **alles, vieles**

  Er schenkt ihr *alles*, was sie sich wünscht.
  그는 그녀가 원하는 모든 것을 선사한다.
  Es gibt *vieles*, was ich mir wünsche. 내가 원하는 많은 것이 있다.

  → 중성 명사화된 형용사 (das Gute, das Beste, das Schönste)

  Das war *das Beste*, was ich tun konnte. 그게 내가 할 수 있었던 최선이었다.
  Ich bekam *das Schönste*, was es auf der Welt gibt.
  나는 세상에서 가장 아름다운 것을 받았다.

  → 주문장 전체

  Sie kommt heute nicht, was mir egal ist.
  그녀가 오늘 오지 않는 것은 나에겐 아무 상관이 없다.

Deutsche Grammatik

Part 1　　Grammatik | 문법

3. 전치사 + 관계대명사

관계대명사와 전치사가 결합할 경우, 전치사는 관계대명사 앞에 위치하면서 격을 지배한다. 특히 선행사가 사물인 경우에는 'wo(r)+전치사'의 형태로 나타낸다.

- **선행사가 사람일 경우 : 전치사 + 관계대명사**

    Er ist der Arzt. Ich warte *auf den Arzt*.
    그는 의사이다. 나는 그 의사를 기다린다.

    → Er ist der Arzt, **auf den** ich warte. 그는 내가 기다리는 의사이다.

    Das ist mein Freund. Ich will *mit meinem Freund* ins Kino gehen.
    이 사람은 내 친구이다. 나는 내 친구와 함께 극장에 가려고 한다.

    → Das ist mein Freund, **mit dem** ich ins Kino gehen will.
    　이 사람은 내가 함께 극장에 가려고 하는 친구이다.

    Auf wen du wartest, der kommt gleich. 네가 기다리는 사람은 곧 올거다.

- **선행사가 사물일 경우 : wo(r) + 전치사**

    Da kommt der Zug. Ich warte *auf den Zug*.
    저기 기차가 오다. 나는 기차를 기다린다.

    → Da kommt der Zug, *worauf* ich warte. 저기 내가 기다리는 기차가 오다.
    　　　　　　　　　　↳ auf den도 가능

    Das ist der Bleistift. Ich schreibe immer *mit dem Bleistift*.
    이것은 연필이다. 나는 항상 그 연필로 쓴다.

    → Das ist der Bleistift, *womit* ich immer schreibe.
    　　　　　　　　　　　↳ mit dem도 가능
    　이것은 내가 항상 쓰는 연필이다.

    Worauf du wartest, das kommt gleich. 네가 기다리는 것은 곧 올거다.

Lektion 21 관계대명사

❹ 관계 부사
wo

선행사가 나라나 도시와 같은 장소일 경우에는 관계부사 *wo*를 사용하며, 관계부사 역시 문장 맨 앞에서 관계문을 이끈다. 특히 선행사가 구체적인 도시나 나라명인 경우에는 항상 *wo*를 사용하며, 일반적인 장소인 경우에는 '전치사 + 관계대명사'나 '*wo*'를 함께 사용한다.

Sie zog *nach Hamburg, wo* ihre Mutter wohnt.
그녀는 어머니가 살고있는 함부르크로 이사했다.

In Frankfurt, wo ich jetzt arbeite, gibt es viele koreanische Firmen.
내가 지금 일하고 있는 프랑크푸르트에는 한국 회사가 많다.

Das Restaurant, *wo(=in dem)* wir uns treffen wollen, ist nicht weit von hier.
우리가 만나려고 하는 레스토랑은 여기서 멀지 않다.

Berlin ist *die Stadt, wo(=in der)* ich geboren bin.
베를린은 내가 태어난 도시이다.

Tipp!

▶ **관계대명사와 간접의문사의 구분**
부정관계대명사 wer와 was, 관계부사 wo는 자칫 간접의문사와 혼동할 수 있어 주의해야 한다. 대개 부정관계대명사 문장은 주문장 앞에 오고, 간접의문문은 주문장 뒤에 온다.

Wissen Sie, *wer* er ist? 그가 누구인지 아시나요?
　　　　　　wen er liebt? 그가 누구를 사랑하는지 아시나요?
　　　　　　wessen Auto kaputt ist? 누구의 자동차가 고장났는지 아시나요?
　　　　　　wem ich eine E-Mail schicken soll?
　　　　　　제가 누구에게 E-Mail을 보내야하는지 아시나요?
　　　　　　was er zur Zeit macht? 요즘 그가 무엇을 하는지 아시나요?
　　　　　　wo er wohnt. 그가 어디에 사는지 아시나요?

Lektion 22 지시대명사 (Demonstrativpronomen)

지시대명사는 앞에 나온 명사의 반복을 피하기 위해 쓰인다. 즉, 문맥에 따라 앞서 지시된 사람이나 사물을 바로 이어서 지칭하거나 보다 자세히 강조하기 위해 사용된다. 지시대명사의 종류는 의미에 따라 몇 가지로 나뉜다 : der, die, das/ derselbe, dieselbe, dasselbe/ dieser, jener/ solcher, solche, solches.

1 der, die, das 그사람/그것

지시대명사 der, die, das형은 앞서 언급된 사람이나 사물을 다시 반복하지 않기 위해 쓰이며 변화형은 다음과 같이 복수 2격을 제외하고는 정관계대명사와 동일하다.

	m.	n.	f.	pl.
1.	der	das	die	die
2.	dessen	dessen	deren	*deren/derer
3.	dem	dem	der	denen
4.	den	das	die	die

* 복수 2격에서 deren과 derer는 서로 다른 용법으로 쓰인다. deren은 일반적인 지시대명사로서 앞에 나온 명사를 대신할 때 쓰이고, derer는 관계대명사의 선행사로 쓰인다.

der, die, das 형은 바로 앞에 나온 대상을 지칭하는 경우에 쓰이며, 인칭대명사와 달리 보다 강조하고자 하는 의도를 포함한다. 이로써 대개 문장 맨 앞에 자리한다.

Kennen Sie den Jungen? 그 소년을 아시나요?
- Nein, **den** kenne ich nicht. 아니오, 저는 그 애를 모릅니다.
  └→ den Jungen

Wo ist denn mein Handy? 대체 내 핸드폰 어디있지?
Das kann ich nicht finden. (그것을) 찾을 수가 없네.
└→ das Handy

Er beantwortet meine E-Mail nicht. 그는 내 메일에 답을 안한다.
Das kann ich nicht verstehen. 그것을 나는 이해할 수 없다.
└→ das는 중성명사를 지칭하는 것 외에도 앞에 나온 문장 전체를 대신할 수 있다.

Lektion 22 — 지시대명사

Hast du <u>seine Freundin</u> gesehen? 너는 그의 여자 친구를 보았니?
- Nein, **die** habe ich noch nicht gesehen. 아니, (그녀를) 아직 못 봤어.

Ich fahre mit <u>meinen Kollegen</u> und **deren** Familien in den Urlaub.
　　　　　　　　　　　　　　　　└→ 복수 2격
나는 내 동료들과 그들의 가족과 함께 휴가를 갈거다.

Kennen Sie die Namen **derer**, <u>die</u> an der Konferenz teilgenommen haben?
　　　　　　　　　　　　　　└→ 관계대명사 die의 선행사
당신은 그 회의에 참석했던 사람들의 이름을 알고 있습니까?

> **Tipp!**
> ▶ 관계대명사와 지시대명사의 구분
>
> Das ist mein Freund, <u>der hat ein tolles Auto</u>.
> 　　　　　　　　　　└→ 지시대명사(동사 정치, 순차적 해석)
> 이 사람은 내 친구인데, 그는 멋진 차를 가지고 있다.
>
> Das ist mein Freund, <u>der ein tolles Auto hat</u>.
> 　　　　　　　　　　└→ 관계대명사(동사 후치, 뒤에서 앞으로 해석)
> 이 사람은 멋진 차를 가지고 있는 친구이다.

2 derselbe, dieselbe, dasselbe
같은 사람/ 같은 것

derselb-형은 앞서 언급된 사람이나 사물과 동일한 것을 지시하며, 부가어적으로도 명사적으로도 쓰인다. 변화 형태는 der와 selb-가 각각 변화한다. der는 정관사 변화, selb-는 정관사 결합 형용사 어미변화.

	m.	n.	f.	pl.
1.	dersel**be**	dassel**be**	diesel**be**	diesel**ben**
2.	dessel**ben**	dessel**ben**	dersel**ben**	dersel**ben**
3.	demsel**ben**	demsel**ben**	dersel**ben**	densel**ben**
4.	densel**ben**	dassel**be**	diesel**be**	diesel**ben**

Deutsche Grammatik ● 131

Part 1 Grammatik | 문법

Er trägt immer **denselben** Mantel. 그는 항상 똑같은 외투를 입고 있다.
↳ 부가어적 용법

Sie trägt **dasselbe** (Kleid) wie gestern. 그녀는 어제와 같은 것(옷)을 입고 있다.

Sie hat eine schöne Tasche. **Dieselbe** schenkt sie ihrer Mutter.
그녀는 멋진 가방을 가지고 있다. 그녀는 똑같은 것을 어머니에게 선물한다.

Letztes Jahr habe ich zwei deutsche Freunde kennengelernt. Im Sommer werde ich **mit denselben** zusammen reisen.
작년에 나는 두 명의 독일 친구들을 알게 되었다. 여름에 나는 그들과 (같은 사람들과) 함께 여행을 할 것이다.

3 solcher, solche, solches 그런 사람/그런 것

solch-형은 부가어적으로도 명사적으로도 쓰이며, 부가어로 쓰일 경우에는 형용사처럼 어미변화를 하고 또 다른 관사와도 결합할 수 있다. 명사적으로 쓰일 경우에는 정관사류로 정관사처럼 어미변화를 한다.

	m.	n.	f.	pl.
1.	solch**er**	solch**es**	solch**e**	solch**e**
2.	solch**es**	solch**es**	solch**er**	solch**er**
3.	solch**em**	solch**em**	solch**er**	solch**en**
4.	solch**en**	solch**es**	solch**e**	solch**e**

Er hat eine schöne Kaffeemaschine. Ich möchte auch **solche(=solch eine/ eine solche)** haben. 그는 좋은 커피머신을 가지고 있다. 나도 그런 것을 갖고 싶다.

Du hast aber ein tolles Fahrrad! Wo hast du **solches** gekauft?
너 정말 멋진 자전거를 가지고 있구나! 그런 것을 어디서 구했니?

Ich kann mir **solches** gar nicht vorstellen. 그런 일은 전혀 상상할 수가 없다.

Ich kann **solche Fragen** nicht beantworten. 그런 질문에는 대답할 수가 없습니다.

Warum trägt er immer **eine solche(=solch eine)** Brille?
그는 왜 항상 그런 안경을 쓸까?

Solche Meinung ist nicht selten. 그런 의견이 적지 않다.

Lektion 22 — 지시대명사

4 dieser, diese, dieses/ jener, jene, jenes
**이 사람/이것
저 사람/저것**

dies-/ jen-형 역시 부가어적, 명사적으로 쓰이며, 두 가지 쓰임 모두 정관사처럼 어미 변화를 하는 정관사류이다. 부가어적으로 쓰일 경우에는 solch-형과 달리 또 다른 관사와 결합하지 않는다.

	m.	n.	f.	pl.
1.	dies**er**	dies**(es)**	dies**e**	dies**e**
2.	dies**es**	dies**(es)**	dies**er**	dies**er**
3.	dies**em**	dies**em**	dies**er**	dies**en**
4.	dies**en**	dies**(es)**	dies**e**	dies**e**

* jen-도 동일하게 변화함. dieses에서 -es는 생략가능.

Dieser Mantel ist zu teuer! 이 외투는 너무 비싸다!

Dies(es) Kind ist mein Sohn. 이 아이가 제 아들입니다.

Könnte ich kurz mal **mit jener Frau** sprechen?
저 여인과 잠깐 좀 이야기를 나눌 수 있을까요?

Jener Hund läuft mir immer weiter hinterher.
저 개가 계속해서 나를 쫓아오고 있습니다.

Wir haben viele verschiedene Blusen. Wählen Sie bitte, welche Sie wollen!
- **Diese** hier ist sehr schön. Aber **jene** da drüben wäre noch schöner.
  ↳ eine Bluse   ↳ eine Bluse
저희는 여러 가지 다양한 블라우스를 가지고 있습니다. 원하시는 것을 골라보세요!
- 여기 이것은 정말 예쁘네요. 그런데 저쪽에 있는 저것이 더 예쁜 것 같습니다.

Könnte ich **dies(es)** mal anprobieren? 이것 좀 입어봐도 되나요?
↳ 중성 명사형이 아니라, 가까이 있는 대상을 지시

> **Tipp!**
> ▶ dies-, jen-은 함께 '**전자, 후자**'의 의미로도 쓰인다. 이때 주의할 것은 dies-가 '**후자**' jen-이 '**전자**'. 앞에 언급된 대상들을 지칭할 때, 후자가 전자에 비해 언급된 순서상 상대적으로 가깝기 때문.
>
> Mein Mann hat einen älteren Bruder und eine jüngere Schwester.
> Diese(= eine Schwester) ist noch Studentin, jener(= ein Bruder) ist Beamte.
> 내 남편에게는 형과 여동생이 있다. 후자(여동생)는 아직 대학생이고, 전자(형)는 공무원이다.

Lektion 23　수동태 (Passiv)

독일어에서 사건이나 동작의 행위자가 주어인 능동문(Aktivsatz)은 원칙적으로 모든 문장에서 가능하다. 이러한 능동문은 일정한 규칙 하에 수동문(Passivsatz)으로 변형될 수 있으나 능동문의 경우와 달리 모든 문장에서 수동의 의미가 가능한 것은 아니다.

1 수동태의 변형 규칙

독일어의 능동문은 다음과 같은 일정한 규칙에 따라 수동문으로 변형된다.

> 능동문 : 주어 1격 + 동사 + 4격 목적어
>
> 수동문 : 주어 1격 + **werden** + von 3격 + p.p(과거분사)

능동문의 주어인 행위자는 수동문에서 대개 'von + 3격(…에 의해)'으로, 능동문의 4격 목적어는 수동문에서 주어로 쓰인다. 능동문의 동사는 수동문에서 과거분사형으로 조동사 werden과 결합하여 문장 끝에 자리한다.

- 능동문의 **4격 목적어**는 수동문의 주어가 됨.
- 능동문의 **동사**는 수동문에서 **werden +p.p**
- 능동문의 **주어**는 수동문에서 **von + 3격**으로 바뀜.

능동문 : Der Lehrer *lobt* den Schüler. 선생님은 학생을 칭찬한다.
수동문 : Der Schüler *wird* von dem Lehrer *gelobt*.
　　　　학생은 선생님에 의해 칭찬을 받는다.

수동문의 주어가 될 수 있는 것은 능동문의 4격 목적어뿐이며, 그 외 2격, 3격 등과 같은 다른 목적어들은 주어가 될 수 없다.

Lektion 23 수동태

Der Mann liebt die schöne Frau.
↳ 4격 목적어
그 남자는 그 아름다운 여인을 사랑한다.
→ Die schöne Frau wird vom Mann geliebt. (○)
↳ 1격 주어   ↳ von dem
그 아름다운 여인은 그 남자에 의해 사랑을 받는다.

Der Mann hilft der schönen Frau.
↳ 3격 목적어
그 남자는 그 아름다운 여인을 돕는다.
→ Die schöne Frau wird vom Mann geholfen. (x)
그 아름다운 여인은 그 남자에 의해 도움을 받는다.

위의 예문에서 helfen 동사는 항상 3격 목적어를 수반하는 3격 지배 동사이다. 이를 수동태로 변형할 경우 3격 목적어는 의미상의 주어이긴 하지만 형식적으로 1격 주어로 변형될 수 없다.

> **Tipp!**
> ▶ 수동문의 행위자는 von + 3격이지만 도구를 의미할 경우에는 mit + 3격이나 durch + 4격으로 쓰인다.
>
> Dieser Brief wurde von meinem Freund geschrieben.
> 이 편지는 내 친구에 의해 쓰여졌다.
> Dieser Brief wurde mit einem guten Füller geschrieben.
> 이 편지는 좋은 만년필로 쓰여졌다.
> Die Stadt wurde durch eine Bombe zerstört. 그 도시는 폭탄에 의해 파괴되었다.

2 수동태의 종류

수동태는 '행위나 과정, 상태나 결과' 등을 나타낸다. 이에 따라 '행위나 과정'을 나타내는 수동태는 동작수동(Vorgangspassiv), '상태나 결과'를 나타내는 수동태는 상태수동(Zustandspassiv)이라 한다. 동작수동은 'werden + p.p(과거분사)'로 '…가 되어진다'를 의미하고 상태수동은 'sein + p.p(과거분사)'로 '…가 되어있다'를 의미한다.

Part 1　Grammatik | 문법

1) 동작 수동 :
werden + p.p

독일어에서 수동태의 대표적인 형태는 동작수동, 즉 *werden* 수동태(*werden*-Passiv)이다. 일반적으로 수동태라하면 동작수동을 의미한다.

Er lädt mich ein. → Ich *werde* von ihm *eingeladen*.
그는 나를 초대한다.　　나는 그에 의해 초대 되어지다 (초대를 받는다).

Der Schüler beobachtet die Sterne. 그 학생은 별들을 관찰하고 있다.
→ Die Sterne *werden* vom Schüler *beobachtet*. 별들은 그 학생에 의해 관찰되어진다.

2) 상태 수동 :
sein + p.p

상태수동은 이미 진행된 사건의 결과를 의미한다. 이때 중요한 것은 사건이 종료된 현재 상태로, 행위자는 함께 쓰이지 않는다.

> Ich habe das Fenster geöffnet. 나는 그 창문을 열었다. (과거의 사건)
>
> Jetzt ist das Fenster geöffnet. 이제 그 창문은 열려있다. (사건이 완료된 현재)

위의 예문은 사건의 진행과정을 나타낼 경우에 다음과 같은 동작수동의 의미로도 가능하다.

Das Fenster wurde von mir geöffnet. 그 창문은 나에 의해 열렸다.

그러나 시간을 의미하는 부사의 쓰임에 따라 동작수동이 불가능한 경우도 있다.

Seit gestern *ist* das Geschäft *geschlossen*. (○) 어제부터 그 가게는 닫혀있다.
Seit gestern *wird* das Geschäft *geschlossen*. (×)

Lektion 23　수동태

Tipp!

▶ **상태수동 od. 완료시제**

상태수동의 'sein + p.p'는 완료시제 'sein + p.p'와 혼동될 수 있다. 그러나 상태수동은 완료시제에서 haben 결합하는 타동사들이 sein과 결합되어 있을 경우에 해당한다. 즉, 완료시제에서 'haben + p.p' 동사가 'sein + p.p'로 쓰인 경우는 상태수동이라는 것을 알 수 있다.

Die Soldaten haben die Stadt zerstört. 군인들이 그 도시를 파괴했다.
　　　　　↳ 현재완료 : haben + zerstören

Die Stadt ist zerstört. 그 도시는 파괴되어있다.
　　　↳ 상태수동 : sein + zerstören

위의 예문에서 동사 zerstören은 타동사로 완료시제에서 haben 결합동사이다. 따라서 sein과 결합되어 있을 경우는 상태수동으로 판단할 수 있다.

▶ **동작수동 od. 미래시제**

동작수동의 조동사와 미래시제의 조동사가 동일하게 werden이어서 간혹 혼동될 수도 있다. 이럴 경우에는 본동사의 상태에 따라 쉽게 구분이 가능하다. 본동사가 동사원형인 경우에는 미래, 과거분사형인 경우에는 수동태로 판단할 수 있다.

Das Fahrrad *wird* er *repariern*. 그는 자전거를 수리할 것이다.
(미래시제 : werden + Inf.)
Das Fahrrad *wird repariert*. 자전거는 수리된다.
(동작수동 : werden + p.p)

Part 1　Grammatik | 문법

❸ 수동태의 6시제

수동태는 다음과 같은 시제 공식에 따라 6시제로 나타낼 수 있다.

능동문의 시제		수동문의 시제	
현　재	동사의 현재 인칭변화	현　재	werden + p.p
과　거	동사의 과거 인칭변화	과　거	wurde + p.p
미　래	werden + 동사원형	미　래	werden + p.p + werden
현재완료	sein/haben + p.p	현재완료	sein + p.p + *worden
과거완료	war/hatte + p.p	과거완료	war + p.p + worden
미래완료	werden + p.p sein/haben	미래완료	werden + p.p + worden sein

* 본래 완료조동사와 결합할 경우 본동사 자리에 있는 동사는 과거분사형으로 바뀌어 문장 끝에 자리함. 이에 따르면 수동태의 완료시제는 'sein +p.p +geworden'이지만 수동태의 본동사가 이미 과거분사형 ge-로 시작하는 경우가 많아 반복을 피하기 위해 geworden에서 ge-를 생략하고 worden으로 쓰임. 예) Das Haus ist von mir gefunden geworden.

현　　재 : Er lobt mich. → Ich werde von ihm gelobt.
과　　거 : Er lobte mich. → Ich wurde von ihm gelobt.
미　　래 : Er wird mich loben. → Ich werde von ihm gelobt werden.
현재완료 : Er hat mich gelobt. → Ich bin von ihm gelobt worden.
과거완료 : Er hatte mich gelobt. → Ich war von ihm gelobt worden.
미래완료 : Er wird mich gelobt haben. → Ich werde von ihm gelobt worden sein.

> **Tipp!**
> 수동문의 시제는 과거와 미래는 현재형을 기준으로, 과거완료와 미래완료는 현재완료형을 기준삼아 변형하면 수월함.
>
> 과　　거 : wurde + p.p
> 　　　　　: 현재형의 'werden + p.p'에서 조동사 werden을 과거형 wurde로 고침.
> 미　　래 : werden + p.p + werden
> 　　　　　　└ (미래조동사. 현재 인칭변화)　└ (수동태 조동사. 항상 원형)
> 과거완료 : war + p.p + worden
> 　　　　　: 현재완료의 'sein + p.p + worden'에서 완료조동사 sein을 과거형 war로 고침.
> 미래완료 : werden + p.p + worden sein
> 　　　　　: 현재완료의 'sein + p.p + worden'에 미래조동사 werden이 삽입되고 완료조동사 sein은 원형으로 문장 끝에 자리함.

Lektion 23　수동태

4 자동사의 수동
: 능동문에
4격 목적어가
없는 경우

4격 목적어가 없는 능동문을 수동문으로 고칠 경우에는 helfen 동사처럼 의미상의 주어만 있을 뿐 실질적인 주어로 기능할만한 것이 없게 된다(135 페이지 참조). 따라서 이 때는 가주어 es를 사용한다.

> **Ich bedarf deines Autos.** 나는 너의 자동차를 필요로 한다.
>
> ① Es wird deines Autos von mir bedurft.
>
> ② Deines Autos wird es von mir bedurft.
>
> ③ Deines Autos wird von mir bedurft.

위의 예문에서 bedürfen은 '…을 필요로 하다'와 같이 의미상으로는 4격 목적어를 수반하는 타동사 같지만 실질적으로는 2격 지배 동사여서 항상 2격 목적어를 수반한다. 수동문으로 변형할 경우 능동문의 2격 목적어는 1격 주어가 될 수 없으므로 수동문에서 주어의 공백 상태가 발생한다. 따라서 이 경우에는 일차적으로 ①번처럼 가주어 es를 주어 자리에 놓고 ②번과 같이 강조 성분을 문두에 놓고 주어를 동사 뒤로 도치시키는 성질을 통해 의미상의 주어인 2격 목적어를 문장 앞에 두고 가주어 es를 동사 뒤로 옮긴다. 마지막 단계인 ③번에서는 가주어 es가 도치될 경우 생략될 수 있다는 성질에 따라 es를 생략한다. 결국, ③번처럼 의미상으로는 문제없지만 형식적으로는 주어가 없는 문장이 만들어진다.

1) 2격 지배 동사

Ich gedenke meines Vaters. 나는 아버지를 기억한다.
→ Es wird meines Vaters von mir gedacht.
→ Meines Vaters wird von mir gedacht.

2) 3격 지배 동사

Er hilft mir. 그는 나를 돕는다.
→ Es wird mir von ihm geholfen.
→ Mir wird von ihm geholfen.

Part 1　Grammatik | 문법

3) 전치사격 지배 동사

Ich warte auf den Bus. 나는 버스를 기다린다.
→ Es wird auf den Bus von mir gewartet.
→ Auf den Bus wird von mir gewartet.

4) 무 목적어

Man arbeitet sonntags nicht. 사람들은 일요일에 일하지 않는다.
→ Es wird sonntags nicht gearbeitet.
→ Sonntags wird nicht gearbeitet.

5 수동문의 행위자

■ 능동문의 일반적인 주어 : 수동문에서 상황에 따라 생략가능

수동문에서는 행위자를 의도적으로 밝혀야 하는 경우를 제외하고는 일반적으로 행위자가 생략될 수 있다.

Der Mechaniker repariert das Auto. 그 기술자가 자동차를 수리한다.
→ Das Auto wird (vom Mechaniker) repariert.

Der Bäcker backt den Kuchen. 그 제빵사는 케이크를 굽는다.
→ Der Kuchen wird (vom Bäcker) gebacken.

Der Arzt hat mich operiert. 그 의사가 나를 수술했다.
→ Ich wurde (vom Arzt) operiert.

■ 능동문의 주어 man : 수동문에서 항상 생략

능동문의 주어가 man으로 일반적인 사람을 의미할 경우 수동문 행위자는 항상 생략된다.

Man kocht die Suppe.
사람들이 그 스프를 끓이고 있다.
→ Die Suppe wird gekocht.

Man hat den Alten ins Krankenhaus gebracht.
사람들이 그 노인을 병원으로 옮겼다.
→ Der Alte ist ins Krankenhaus gebracht worden.

Lektion 23 수동태

> **Tipp!**
> 능동문에서는 주어인 행위자가 중요하고, 수동문에서는 사건 자체가 중요하다. 따라서 수동문에서 행위자는 생략 가능하다. 다만 행위자가 생략될 경우에는 다의적으로 해석될 수도 있다.
>
> Der Schüler wird unterstützt. 그 학생은 후원을 받는다.
> → *Man* unterstützt den Schüler. 사람들은 그 학생을 후원한다.
> → *Der Lehrer* unterstützt den Schüler. 그 선생님은 그 학생을 후원한다.

6 화법조동사의 수동태

수동문에서 화법조동사가 쓰일 경우, 조동사 werden은 원형으로 바뀌어 문장 끝에 자리한다. werden은 원형으로 쓰이고, 화법조동사는 인칭에 따라 변화한다. 미래조동사와 완료조동사가 첨가될 경우, 화법조동사는 문장 끝 werden 뒤로 밀려나 원형으로 쓰인다.

> **Mein Computer wird von mir repariert.**

현재 : Mein Computer **kann** von mir repariert **werden**.
　　　　　　　　　↳ 화법조동사 현재 인칭변화　　↳ 화법조동사와의 결합으로 원형으로 문장 끝에 위치.

과거 : Mein Computer **konnte** von mir repariert **werden**.
　　　　　　　　　↳ 화법조동사 과거 인칭변화

미래 : Mein Computer **wird** von mir repariert **werden können**.
　　　　　　　　　↳ 미래조동사

현완 : Mein Computer **hat** von mir repariert ***werden können**.
　　　　　　　　　↳ 화법조동사의 완료조동사　　↳ 화법조동사의 완료시제 공식 : haben + *본동사 원형 + 화법조동사 원형

과완 : Mein Computer **hatte** von mir repariert **werden können**.

* werden은 본동사는 아니지만 수동태 기본형 문장의 두 번째 자리에서 인칭 변화를 담당하던 것으로서 완료조동사의 영향에 따라 원형으로 쓰임.

Part 1 Grammatik | 문법

> **Tipp!**
>
> ▶ 수동태가 불가능한 동사
>
> – 4격 목적어를 수반하는 타동사여도 수동태로 쓰이지 않는 동사들도 있다.
>   *haben, besitzen, bekommen, enthalten, kriegen* 과 같은 'haben류' 동사.
>   *erfahren, kennen, wissen* 과 같은 'wissen류' 동사
>
>   Ich habe einen Job.
>   Ein Job wird von mir gehabt. (×)
>
>   Sie kennt meine Handynummer.
>   Meine Handynummer wird von ihr gekannt. (×)
>
> – *gehen, laufen, schlendern*과 같이 움직임을 나타내는 동사
>
>   Nach dem Unterricht gehen die Schüler nach Hause.
>
> – *aufwachen, durchfallen, wachsen* 등과 같이 상태변화를 나타내는 동사
>   Die Blumen wachsen nicht mehr.
>
> – 모든 재귀동사
>   Die KInder waschen sich ihre Hände.
>
> – 비인칭 동사
>   Es regnet stark.

Lektion 24 zu 부정문 (zu-Infinitivsatz)

독일어에서 부정문(不定文)은 zu와 동사원형이 결합된 'zu 부정사'를 포함한 문장을 의미한다. 부정사(不定詞)는 형태가 아직 정해지지 않은, 즉 인칭에 따라 형태가 변화되지 않은, 이른바 동사원형을 의미한다. 이러한 부정사는 zu와 결합되지 않은 순수한 동사원형의 쓰임과 zu와 결합된 동사원형의 쓰임으로 분류된다.

1 zu 없는 부정형 – 동사원형

zu 없는 부정형은 동사원형(Infinitiv)을 의미하는 것으로, 일반적으로 또 다른 동사들과 결합하여 문장 맨 끝에 나타난다.

■ 미래 조동사 / 화법조동사 + Inf.
Ich werde dich bald besuchen. 곧 너를 만나러 가겠다.
Ich wollte nur etwas fragen. 나는 그저 뭘 좀 물어보려고 했다.

■ 지각동사 / 사역동사 + Inf.
지각동사 : sehen, hören, fühlen
사역동사 : lassen, machen, helfen, heißen(명령, 지시, 요구)

Er sieht den Zug vorbeifahren. 그는 기차가 지나가는 것을 보다.
Ich höre die Kinder flüstern. 나는 아이들이 속삭이는 소리를 듣는다.
Lassen Sie die Kinder spielen! 아이들이 놀게 두세요!
Ich helfe meiner Mutter aufräumen. 나는 어머니가 청소하는 것을 돕는다.
Der Beamte hieß die Leute warten. 그 공무원은 사람들에게 기다리라고 했다.

■ gehen, kommen, fahren, bleiben + Inf.
Ich gehe nach der Arbeit schwimmen. 나는 일을 끝낸 후에 수영하러 간다.
Die Kinder kommen zu uns Fußball spielen. 아이들이 축구를 하러 오다.
Die Katze bleibt auf dem Sofa liegen. 고양이는 소파 위에 누워있다.
Wir fahren einmal wöchentlich einkaufen. 우리는 일주일에 한번 장을 보러 간다.

Part 1　Grammatik | 문법

❷ zu 부정형 구문

1) zu 부정형 구문의 형태

① zu 부정사는 문장 끝에 위치하고, zu 부정사를 포함한 구문 바로 앞에 콤마(Komma)를 쓰는 것이 일반적이다. 그러나 zu 부정사 구문에 동사 외에 다른 성분이 없을 경우에는 콤마를 쓰지 않는다.

Ich hoffe, nächstes Jahr in Deutschland zu studieren.
나는 내년에 독일에서 공부하길 희망한다.

vgl.) Ich habe viel zu tun. 나는 할 일이 많다.
　　　Hast du etwas zu trinken? 너 뭐 마실 것 좀 있니?

② zu 부정형이 주어로 쓰일 경우, 문두(文頭)에 전체적인 비중이 치우치는 것을 피하기 위해 가주어 es를 사용할 수도 있다.

Ein schönes Haus selbst zu bauen ist mein Traum.
아름다운 집을 직접 짓는 것이 내 꿈이다.
→ Es ist mein Traum, selbst ein schönes Haus zu bauen.
　　└→ 가주어　　　　　　　　　　　　　　　　　└→ 진주어

In der Bibliothek laut zu sprechen ist unhöflich.
도서관에서 큰 소리로 말하는 것은 예의 없는 행동이다.
→ Es ist unhöflich, in der Bibliothek laut zu sprechen.

③ 분리 동사의 경우에는 분리 전철과 동사 사이에 zu를 삽입한다.

– ab**zu**fahren, mit**zu**kommen, kennen**zu**lernen, teil**zu**nehmen, zu**zu**machen …

Ich hoffe, Sie bald wiederzusehen.
당신을 곧 다시 만나 뵙기를 바랍니다.

Morgens früh aufzustehen ist schwer für mich.
아침에 일찍 일어나는 것은 나에게 어려운 일이다.

Lektion 24 — zu 부정문

2) zu 부정형 구문의 용법

① 주어

Es freut mich, Sie kennenzulernen. (가주어 es)
만나 뵙게 되어 반갑습니다.

Täglich zu joggen ist gesund. 매일 조깅하는 것은 건강에 좋다.

In der Nacht zu arbeiten ist schädlich für die Gesundheit.
밤에 일하는 것은 건강에 해롭다.

② 술어

Mein Hobby ist, Geige zu spielen. 내 취미는 바이올린을 연주하는 것이다.

Mein Wunsch ist, ihn zu heiraten. 내 소원은 그와 결혼하는 것이다.

Sein Ziel ist, ein Beamter zu werden. 그의 목표는 공무원이 되는 것이다.

③ 목적어

Er hofft, die Prüfung zu bestehen.
그는 시험에 합격하길 바란다.

Ich versuche, diese Arbeit möglichst schnell zu beenden.
가능한 빨리 이 일을 마치도록 해보겠다.

Ich rate Ihnen, mit Kunden nicht über Politik zu sprechen.
고객들과는 정치에 관해 말하지 말 것을 조언합니다.

④ 부가어

Ich habe leider keine Zeit, dir zu helfen.
유감스럽지만 너를 도울 시간이 없다. → Zeit 수식

Hast du am Wochenende viel zu tun?
너는 주말에 할 일이 많니? → viel 수식

Ich habe keine Lust, in der Kantine zu essen.
나는 구내식당에서 식사할 생각이 없다. → Lust 수식

Part 1　　Grammatik | 문법

❸ 기타 주요 구문

zu 부정사는 몇몇 전치사와 결합하여 특정한 의미의 구문을 형성한다.

▶ **um + zu Inf.** ~하기 위하여

Ich gehe zum Supermarkt, um Milch einzukaufen.
나는 우유를 사기 위해 슈퍼마켓에 간다.

Ich lerne Deutsch, um noch mehr Karrierechancen zu haben.
나는 더 많은 경력의 기회를 얻기 위해 독일어를 배운다.

▶ **ohne + zu Inf.** ~하지 않고

Er ging an mir vorbei, ohne zu grüßen. 그는 인사도 없이 지나갔다.

Sie ist aus dem Haus gegangen, ohne das Fenster zu schließen.
그녀는 창문을 닫지 않고 집에서 나갔다.

▶ **(an)statt + zu Inf.** ~대신에

Die Kinder spielten zusammen, (an)statt ihre Hausaufgaben zu machen.
아이들은 숙제하는 대신에 함께 놀았다.

Er schläft immer noch, (an)statt sich für die Arbeit vorzubereiten.
그는 일하러 갈 준비를 하는 대신에 여전히 자고 있다.

▶ **sein + zu Inf.** ~ 될 수 있다

Dieses Problem ist leicht zu lösen. 이 문제는 쉽게 풀릴 수 있다.

Diese Waren sind schnell zu liefern. 이 물건들은 빨리 배송될 수 있다.

▶ **haben + zu Inf.** ~해야 한다

Jeder Schüler hat seine Hausaufgaben zu machen.
모든 학생들은 숙제를 해야 한다.

Er hat dieses Formular auszufüllen.
(= Er muss dieses Formular ausfüllen.)
그는 이 서류를 작성해야 한다.

Lektion 24 zu 부정문

▶ **brauchen + nur zu Inf.** ~하기만 하면 된다 /
brauchen + nicht zu Inf. ~할 필요가 없다

Du brauchst nur zu fragen.
너는 물어보기만 하면 된다.

Ich brauche nur noch zwei Seiten zu lesen.
나는 두 페이지만 더 읽으면 된다.

vgl.) Angestellte brauchen am Wochenende nicht zu arbeiten.
회사원들은 주말에 일할 필요가 없다.

▶ **pflegen + zu Inf.** ~하곤 하다

Er pflegt, am Nachmittag eine Stunde zu schlafen.
그는 오후에 한 시간씩 자곤 한다.

Unsere Familie pflegt, jeden Tag zusammen Abend zu essen.
우리 가족은 매일 함께 저녁을 먹곤 한다.

▶ **im Begriffe sein + zu Inf.** 막 ~하려 할 참이다

Ich war gerade im Begriff einzuschlafen, als das Telefon klingelte.
전화벨이 울렸을 때, 막 잠이 들려던 참이었다.

4 부문장을 zu 부정형 구문으로

dass 절을 비롯한 몇몇 부문장은 다음과 같은 일정한 조건이 충족될 경우, 해당 접속사와 주어를 생략하고 zu 부정형 구문으로 단순하게 변형될 수 있다.

- 주문장의 주어와 부문장의 주어가 같을 때
- 주문장의 목적어와 부문장의 주어가 같을 때
- 주문장의 주어가 **es**나 **man**일 경우

Part 1   Grammatik | 문법

1) dass ~ ⇒
   zu Inf.

   Ich versuche, dass ich diesen Text übersetze. 내가 이 텍스트를 번역해 보도록 할게.
   = Ich versuche, diesen Text zu übersetzen.

   Ich bitte dich, dass du diesen Text übersetzt. 네가 이 텍스트를 번역해줄 것을 부탁한다.
   = Ich bitte dich, diesen Text zu übersetzen.

   Es ist seine Pflicht, dass er diesen Text übersetzt.
   이 텍스트를 번역하는 것은 그가 할 일이다.
   = Es ist seine Pflicht, diesen Text zu übersetzen.

   vgl.) Ich habe gehört, dass er morgen kommt. (ich ≠ er)
   → Ich habe gehört, morgen zu kommen. (×)

2) damit ⇒
   um ~ zu Inf.

   Ich fahre in den Urlaub, damit ich mich erhole.
   = Ich fahre in den Urlaub, um mich zu erholen.
   나는 휴식을 취하기 위해 휴가를 떠난다.

   Wir sprechen immer leise, damit wir die Kinder nicht wecken.
   = Wir sprechen immer leise, um die Kinder nicht zu wecken.
   아이들을 깨우지 않기 위해 우리는 항상 조용히 말한다.

3) ohne dass ⇒
   ohne ~ zu Inf.

   Manchmal fährt er Auto, ohne dass er sich anschnallt.
   = Manchmal fährt er Auto, ohne sich anzuschnallen.
   그는 때때로 안전벨트를 매지 않고 운전한다.

   Meine Eltern gehen nicht ins Theater, ohne dass sie vorher Karten reservieren.
   = Meine Eltern gehen nicht ins Theater, ohne vorher Karten zu reservieren.
   우리 부모님은 미리 표를 예매하지 않고서는 극장에 가지 않는다.

4) (an) statt
   dass ⇒ (an)
   statt ~ zu Inf.

   Sie sieht jeden Abend fern, (an)statt dass sie ein Buch liest.
   = Sie sieht jeden Abend fern, (an)statt ein Buch zu lesen.
   그녀는 매일 저녁, 책을 읽는 대신 TV를 본다.

   Ich bin eingeschlafen, (an)statt dass ich den Film gesehen habe.
   = Ich bin eingeschlafen, (an)statt den Film gesehen zu haben.
   나는 그 영화를 보는 대신에 잠이 들었다.

Lektion 25 접속법 (Konjunktiv)

독일어의 화법(Modus)은 직설법(Indikativ), 접속법(Konjunktiv), 명령법(Imperativ)으로 나뉜다.

- 직설법 : 사실을 있는 그대로 기술하는 화법
- 명령법 : 상대방에 대한 지시나 요구를 위한 화법
- 접속법 ┌ 비현실화법 : 실제 사실과 반대되는 상황에 대한 가정이나 소망
  ├ 외교화법 : 겸손하고 정중한 표현
  └ 간접화법 : 제 3자의 말을 전달

직설법 (현실)	Ich bin jetzt 15 Jahre alt. 나는 지금 15살이다. Wenn ich 20 Jahre alt bin, kann ich in einen Club gehen. 20살이 되면 나는 클럽에 갈 수 있다.
접속법 (비현실)	Ich bin jetzt 70 Jahre alt. 나는 지금 70살이다. Wenn ich 20 Jahre alt wäre, könnte ich in einen Club gehen. 내가 20살이면 클럽에 갈 수 있을텐데.

1 접속법의 형태

접속법은 다음과 같이 I식과 II식으로 나뉜다.

- 접속법 I식 : 직설법 동사의 현재형을 어간으로 하여 인칭변화.
  (er kommt → er komme)
- 접속법 II식 : 직설법 동사의 과거형을 어간으로 하여 인칭변화.
  (er kam → er käme)

* 접속법 I식과 II식의 형태가 직설법 동사의 현재형과 과거형을 기준으로 하지만 시제와는 관련이 없다. 즉, 접속법 II식의 형태가 과거형을 기준으로 한다고 해서 과거의 사실을 의미하는 것은 아니며, 시제상으로 현재이다.

Part 1　Grammatik | 문법

1) 접속법의 인칭변화 어미
접속법 인칭변화의 주요 특징은 다음과 같다.

- 접속법 I식과 II식의 인칭변화 어미는 동일함.
- 접속법 단수 1, 3인칭 어미는 동일함.
- 인칭변화 어미는 항상 **-e**로 시작.
- 접속법 I식에서 불규칙 변화 동사는 직설법과 달리 어간모음이 변화하지 않음.
- 접속법 II식에서 불규칙 변화 동사 과거형의 어간모음 **a, o, u**는 **ä, ö, ü**로 변화.

화법 인칭	직설법 현재	직설법 과거	접속법 I식/II식
ich	-e (fahre)	- (fuhr)	-e (fahre/führe)
du	-st (fährst)	-st (fuhrst)	-est (fahrest/führest)
er/sie/es	-t (fährt)	- (fuhr)	-e (fahre/führe)
wir	-en (fahren)	-en (fuhren)	-en (fahren/führen)
ihr	-t (fahrt)	-t (fuhrt)	-et (fahret/führet)
sie/Sie	-en (fahren)	-en (fuhren)	-en (fahren/führen)

2) 접속법 I식과 II식의 인칭변화

	접속법 I 식 ※ 어간모음 무변화					
	sein	haben	werden	laufen	helfen	können
ich	*sei	habe	werde	laufe	helfe	könne
du	seiest	habest	werdest	laufest	helfest	könnest
er/sie/es	*sei	habe	werde	laufe	helfe	könne
wir	seien	haben	werden	laufen	helfen	können
ihr	seiet	habet	werdet	laufet	helfet	könnet
sie/Sie	seien	haben	werden	laufen	helfen	können

* sein 동사의 단수 1, 3인칭은 예외적으로 -e가 첨가되지 않음.

Lektion 25 접속법

	접속법 II식					
	※ 불규칙변화 과거형의 어간모음이 a, o, u인 경우 ä, ö, ü로 변모음					
	war	hatte	wurde	lief	half	konnte
ich	wäre	hätte	würde	liefe	hälfe	könnte
du	wärest	hättest	würdest	liefest	hälfest	könntest
er/sie/es	wäre	hätte	würde	liefe	hälfe	könnte
wir	wären	hätten	würden	liefen	hälfen	könnten
ihr	wäret	hättet	würdet	liefet	hälfet	könntet
sie/Sie	wären	hätten	würden	liefen	hälfen	könnten

접속법 II식의 경우, 규칙변화 동사들은 변형이 수월한데 비해(machte, sagte), 불규칙변화 동사들은 변모음과 인칭어미까지 다소 번거로운 절차를 거쳐야 한다(führe, hälfe, spräche). 따라서 접속법 II식은 기본 동사 sein, haben, werden(wäre, hätte, würde)과 화법조동사 (könnte, dürfte, möchte, müsste, sollte, wollte) 외에는 '**würde + Inf.**'로 쓰는 것이 일반적이다.

㉠ Ich führe gern mit dem Motorrad. 오토바이를 타면 참 좋겠는데.
  → Ich würde gern mit dem Motorrad fahren.

Part 1　Grammatik | 문법

2 접속법의 시제

직설법의 6시제에 비해, 접속법은 4시제이다. 즉, 접속법의 시제는 **현재, 과거, 미래, 미래완료**뿐이다. 접속법 I식과 II식은 용법상의 구분을 위한 것이며, 시제에 따른 차이는 없다. 즉, 접속법 I식은 주로 요구화법에 쓰이는 형태이고, 접속법 II식은 비현실화법에 쓰이는 형태이며, 간접화법의 경우에는 접속법 I, II식이 모두 쓰인다.

	접속법 I식	접속법 II식
현재	Er sei gesund.	Er wäre gesund.
	Er lebe noch.	Er lebte noch.
과거	Er sei gesund gewesen.	Er wäre gesund gewesen.
	Er habe noch gelebt.	Er hätte noch gelebt.
미래	Er werde gesund sein.	Er würde gesund sein.
	Er werde noch leben.	Er würde noch leben.
미래완료	Er werde gesund gewesen sein.	Er würde gesund gewesen sein.
	Er werde noch gelebt haben.	Er würde noch gelebt haben.

접속법 I식은 직설법 동사의 현재형을 기반으로 하고, 접속법 II식은 직설법 동사의 과거형을 기반으로 한다. 따라서 접속법 I식의 현재형은 직설법의 현재형으로 쓰이고, 접속법 I식의 과거형은 직설법의 현재완료형으로 쓰인다. 아울러 접속법 II식의 현재형은 직설법의 과거형으로 쓰이고, 접속법 II식의 과거형은 직설법의 과거완료형으로 쓰인다. 직설법의 6시제(현재, 과거, 미래, 현재완료, 과거완료, 미래완료) 가운데 현재완료형과 과거완료형이 각각 접속법 I식과 II식의 과거형으로 쓰이기 때문에 접속법에는 현재완료형과 과거완료형으로 쓰일만한 형태가 없다.

Lektion 25 — 접속법

직설법 현재	→	접속법 I식 현재
직설법 현재완료	→	접속법 I식 과거
직설법 과거	→	접속법 II식 현재
직설법 과거완료	→	접속법 II식 과거
직설법 미래	→	접속법 I / II식 미래
직설법 미래완료	→	접속법 I / II식 미래완료

3 접속법의 쓰임

독일어에서 접속법은 화자의 의도나 입장에 따라 I식과 II식으로 구분하여 사용한다. 접속법 I식과 II식을 용법에 따라 분류하면 다음과 같다.

- 접속법 I식 : 요구화법, 간접화법, 실현 가능한 기원문, 양보문
- 접속법 II식 : 비현실화법, 외교화법(겸손한 표현, 공손한 표현), 간접화법

㈎ 직설법 : Ich habe genug Zeit. 나는 충분히 시간이 있다.
접속법 : Ich hätte genug Zeit! 충분한 시간이 있다면 좋을텐데! (비현실)

1) 접속법 I식

기원문/요구문/양보문

(기원) Er lebe noch! 그가 아직 살아있다면(좋을텐데)!
  * 살아있을 가능성이 있는 경우의 바람.
(요구) Bitte seien Sie ruhig! 제발 조용하십시오! (진정하십시오!)
(양보) Er habe recht. 그가 옳다고 하자.
  Es sei so, wie du gesagt hast. 네가 말한 대로라고 하자.
  Sei es am Morgen oder sei es am Abend – er arbeitet nur.
  아침이든 밤이든 그는 일만 한다.

Part 1 Grammatik | 문법

2) 접속법 II식

▶ 비현실화법 : 가정법, 소망, 후회

▶ 외교화법 : 제안, 추측, 공손한 표현

① 비현실화법

비현실화법의 기본적인 쓰임 및 형태는 다음과 같다.

〈현재〉

	직설법 (현실)	접속법 (비현실)
기본 동사	Ich habe keine Zeit. 나는 시간이 없다. Ich bin nicht gesund. 나는 건강하지 않다.	Ich hätte gern Zeit. 시간이 있으면 좋을텐데. Ich wäre gern gesund. 내가 건강하면 좋을텐데.
일반 동사	Es regnet. 비가 오다. Ich wohne allein. 나는 혼자 살고있다.	Wenn es nur nicht regnete! 비가 안 오면 좋을텐데. Ich würde gern mit meiner Familie wohnen. 가족과 함께 살면 좋을텐데.
화법 조동사	Ich habe keinen Führerschein. 나는 운전 면허증이 없다. Ich muss zu viel arbeiten. 나는 일을 너무 많이 해야 한다.	Wenn ich doch nur Auto fahren könnte! (= Könnte ich doch nur Auto fahren!) 운전을 할 수 있으면 좋을텐데! Wenn ich doch nur nicht so viel arbeiten müsste! 이렇게 많이 일을 하지 않아도 되면 좋을텐데!

Lektion 25 　 접속법

〈과거〉

	직설법 (현실)	접속법 (비현실)
기본 동사	Ich hatte keine Zeit. 나는 시간이 없었다. Ich war nicht gesund. 나는 건강하지 않았다.	Ich hätte gern Zeit gehabt. 시간이 있었으면 좋았을텐데. Ich wäre gern gesund gewesen. 내가 건강했다면 좋았을텐데.
일반 동사	Es hat geregnet. 비가 왔다. Ich habe allein gewohnt. 나는 혼자 살고있었다.	Wenn es nur nicht geregnet hätte. 비가 안 왔으면 좋았을텐데. Ich hätte gern mit meiner Familie gewohnt. 가족과 함께 살았다면 좋았을텐데.
화법 조동사	Ich hatte keinen Führerschein. 나는 운전 면허증이 없었다. Ich musste zu viel arbeiten. 나는 일을 너무 많이 해야 했다.	Wenn ich doch nur Auto hätte fahren können! (= Hätte ich doch nur Auto fahren können!) 운전을 할 수 있었으면 좋았을텐데! Wenn ich nicht so viel hätte arbeiten müssen! 그렇게 많이 일을 하지 않아도 되면 좋았을텐데!

> 가정법 : 현실과 반대되는 것을 가정할 경우

Wenn ich ein Vogel wäre, flöge ich zu dir hin.
(= Wäre ich ein Vogel, würde ich zu dir hinfliegen.)
내가 만일 새라면 너에게 날아갈 텐데.

Wenn ich ein Vogel gewesen wäre, wäre ich zu dir hingeflogen.
(= Wäre ich ein Vogel gewesen, würde ich zu dir hingeflogen sein.)
내가 만일 새였다면 너에게 날아갔을 텐데

Wenn ich du wäre, würde ich ihn nicht heiraten.
내가 너라면 그와 결혼하지 않을 거다.

Part 1 — Grammatik | 문법

Wenn ich noch mehr Zeit hätte, würde ich weiter mit dir sprechen.
시간이 좀더 있다면 너와 계속해서 이야기를 나눌 텐데.

Wenn sie mich etwas besser verstehen würde, könnten wir gute Partner werden.
그녀가 나를 조금 더 이해한다면, 우리는 좋은 파트너가 될 수 있을 텐데.

Wenn ich im Lotto gewinnen würde, würde ich mir ein Haus mit dem Garten kaufen.
복권에 당첨되면 정원 딸린 집을 마련할 텐데.

이룰 수 없는/ 이루기 어려운 것에 대한 소망

Wenn ich doch gesund wäre! (내가) 건강하면 좋을 텐데!

Wenn ich doch gesund gewesen wäre! 내가 건강했다면 좋았을 텐데!

Wenn ich Klavier spielen könnte! 피아노를 연주할 수 있으면 좋을텐데!

Wenn (es) heute Sonntag wäre! 오늘이 일요일이면 좋을 텐데!

Wenn meine Eltern noch leben würden!
우리 부모님이 아직, 살아 계시다면 (좋을 텐데)!

하지 않은 일에 대한 후회

Wäre ich doch mit der U–Bahn gefahren! 저철을 탔어야 했는데!
(Ich habe den Bus genommen und stehe im Stau.
나는 버스를 탔고 차가 막힌다.)

Wäre ich etwas früher gekommen! 좀 더 일찍 왔어야 했는데!

Hätte ich Ihnen das vorher gesagt! 당신에게 그 일을 미리 말했어야 했는데!

Lektion 25 — 접속법

비현실 비교 : als ob… / als wenn… '마치 …인양'

Er tut so, als ob(als wenn) er nichts wüsste.
(= Er tut so, als ob(als wenn) er nichts wissen würde.)
그는 마치 아무것도 모르는 것처럼 군다.

Er tut so, als ob(als wenn) er nichts gewusst hätte.
그는 마치 아무것도 몰랐던 것처럼 군다.

Er hat so getan, als ob er nichts hörte.
그는 아무것도 안 들리는 것처럼 굴었다.

Er sieht so aus, als ob er die ganze Nacht nicht geschlafen hätte.
그는 밤을 새운 것 처럼 보인다.

비현실 양보 : wenn auch… '비록…일지라도'

Auch wenn du noch keinen Job hättest, gib die Hoffnung nicht auf!
네가 아직 직업이 없다 해도, 희망을 버리지 말아라!

Auch wenn er sehr viel beschäftigt wäre, erinnert er sich an meinen Geburtstag.
그는 아무리 바빠도 내 생일을 기억한다.

fast/ beinahe '하마터면…할 뻔했다'

Wir hätten fast/ beinahe den Zug verpasst.
우리는 하마터면 기차를 놓칠 뻔 했다.

Huh, fast/ beinahe wäre ich hingefallen! 휴, 하마터면 넘어질 뻔 했네!

Ich hätte dich fast/ beinahe nicht gesehen. 하마터면 너를 못 볼 뻔 했다.

Part 1 — Grammatik | 문법

② 외교화법

제안

Es wäre besser, dass Sie zu mir kommen.
당신이 저에게 오는 편이 좋을 것 같은데요.

Es wäre gut, mit dem Taxi zu fahren. 택시를 타고 가는 것이 좋을 듯 합니다.

Du solltest weniger Kaffee trinken. 너는 커피를 조금 줄이는 것이 좋을 것 같다.

추측

Er könnte vielleicht in Deutschland sein. 그는 어쩌면 독일에 있을지도 모른다.

Ich müsste das Studium unterbrechen. 나는 학업을 중단해야할 런지도 모른다.

공손한 표현

Können Sie mir helfen?
　↳ höflich(공손한)
Würden Sie mir helfen?   좀 도와주실 수 있습니까?
　↳ viel höflicher(더 공손한)
Könnten Sie mir helfen?
　↳ sehr höflich(매우 공손한)

Ich möchte etwas trinken. 뭣 좀 마시고 싶습니다.
　　↳ mögen의 과거 mochte에서 -o- 변모음

Hätten Sie jetzt Zeit für mich? 지금 시간 좀 내주실 수 있나요?

Ich hätte gern noch ein Bier. 맥주 한잔 더 하고 싶습니다.

Lektion 25　접속법

3) 접속법 I식
　또는 II식

간접화법

제 3자의 의견을 전달하는 간접화법에서는 원칙적으로 접속법 I식을 사용하지만, 그 형태가 직설법과 동일한 경우 구분을 위해 접속법 II식을 사용한다.

① 간접평서문

직접화법을 간접화법으로 변형할 경우에는 다음과 같은 규칙을 적용한다.
- 직접화법의 인용 부호를 삭제하고 dass절로 변형하여 동사 후치.
- 직접화법의 인칭대명사나 소유대명사를 간접화법의 의미에 맞게 변형.
- 동사는 접속법 I식을 원칙으로 하고, 경우에 따라 접속법 II식으로 변형.

현재 : Mein Freund sagt : "Du hast Recht."
　　　→ Mein Freund sagt, [1]dass ich Recht habe.
　　　→ Mein Freund sagt, ich [2]hätte Recht. 내 친구는 내가 옳다고 말한다.

　　1) dass는 생략가능. 이때 동사의 위치가 바뀌는 것에 주의.
　　2) haben의 접속법 I식이 habe로 직설법 형태와 동일하기에 접속법 II식 사용.

　　: Mein Kollege sagt immer : "Ich brauche Ihre Hilfe."
　　　→ Mein Kollege sagt immer, dass er meine Hilfe brauche.
　　　→ Mein Kollege sagt immer, er brauche meine Hilfe.
　　　내 동료는 항상 나의 도움이 필요하다고 말한다.

과거 : Mein Freund sagte : "Ich war krank."
　　　→ Mein Freund sagte, er sei krank gewesen.
　　　내 친구는 아팠다고 말했다.

② 간접의문문

▶ 의문사가 있는 경우 : '의문사 + 동사 후치'

현재 : Meine Mutter fragt mich immer : "Wo bist du?"
　　　→ Meine Mutter fragt mich immer, wo ich sei.
　　　어머니는 항상 나에게 어디에 있느냐고 묻는다.

Part 1 Grammatik | 문법

과거 : Meine Mutter fragt mich immer : "Wo warst du?"
→ Meine Mutter fragt mich immer, wo ich gewesen sei.
어머니는 항상 나에게 어디에 있었느냐고 묻는다.

* 주문장의 시제와 간접화법의 시제가 항상 일치할 필요는 없다. 간접화법의 시제는 주문장의 영향을 받지 않고 직접화법의 시제를 따른다. 위의 예에서 주문장은 현재이고 직접화법의 시제는 과거이다. 따라서 간접화법의 시제는 현재완료, 즉 과거의 사실을 나타낸다.

▶ 의문사가 없는 경우 : 'ob + 동사 후치'

현재 : Meine Mutter fragt mich immer : "Hast du keine Hausaufgabe?"
→ Meine Mutter fragt mich immer, ob ich keine Hausaufgabe hätte.
어머니는 항상 내가 숙제가 없는지 묻는다.

과거 : Meine Mutter fragte mich immer : "Hattest du keine Hausaufgabe?"
→ Meine Mutter fragte mich immer, ob ich keine Hausaufgabe gehabt hätte.
어머니는 항상 내가 숙제가 없었는지 물었다.

③ 간접명령문

직접명령문을 간접명령문으로 변형시키는 규칙은 평서문의 경우와 유사하다(인용부호 삭제, dass절 변형, 해당 인칭대명사 변형). 단, 간접명령문의 경우에는 지시를 하는 화자의 입장에서 화법조동사 sollen을 사용한다.

Der Chef sagt zu seiner Sekretärin : "Gehen Sie zur Bank!"
→ Der Chef sagt zu seiner Sekretärin, dass sie zur Bank gehen solle.
→ Der Chef sagt zu seiner Sekretärin, sie solle zur Bank gehen.
사장은 그의 여비서에게 은행에 다녀오라고 말한다.

Der Chef sagte zu uns : "Gehen Sie zur Bank!"
→ Der Chef sagte (zu uns), dass wir zur Bank gehen sollten.
　　　　　　　　　　　　　　　　　　　　　　　↳ 본래는 sollen. 직설법과의
　　　　　　　　　　　　　　　　　　　　　　　　　구분을 위해 접속법 II식
→ Der Chef sagte (zu uns), wir sollten zur Bank gehen.
사장은 우리에게 은행에 다녀오라고 말했다.

Part 2. 연습문제
Übungen

Part 2　Übungen | 연습문제

Lektion 1　발음

Aufgabe 1　다음 주어진 단어의 밑줄친 부분과 발음이 다른 것을 고르시오.

1. M<u>ai</u>	(1) zw<u>ei</u>	(2) B<u>ay</u>ern	(3) M<u>ey</u>er	(4) b<u>ei</u>nhalten
2. L<u>eu</u>te	(1) B<u>äu</u>me	(2) Mus<u>eu</u>m	(3) D<u>eu</u>tsch	(4) Fr<u>eu</u>nd
3. d<u>ie</u>	(1) v<u>ie</u>l	(2) Galer<u>ie</u>	(3) Pap<u>ie</u>r	(4) Famil<u>ie</u>
4. Bil<u>d</u>	(1) Beru<u>f</u>	(2) ha<u>b</u>en	(3) Obs<u>t</u>	(4) A<u>b</u>end
5. Lan<u>d</u>	(1) Gel<u>d</u>	(2) S<u>t</u>udent	(3) Jugen<u>d</u>	(4) Mä<u>d</u>chen
6. Ber<u>g</u>	(1) We<u>g</u>	(2) tä<u>g</u>lich	(3) weni<u>g</u>	(4) Zu<u>g</u>
7. ge<u>h</u>en	(1) ne<u>h</u>men	(2) ge<u>h</u>ören	(3) Fe<u>h</u>ler	(4) na<u>h</u>
8. <u>S</u>port	(1) ver<u>s</u>tehen	(2) <u>S</u>tudium	(3) <u>s</u>chnell	(4) Kno<u>s</u>pe
9. Kuns<u>t</u>	(1) Hau<u>s</u>	(2) Tes<u>t</u>	(3) ges<u>t</u>ern	(4) <u>s</u>ein
10. Ta<u>x</u>i	(1) Te<u>x</u>t	(2) wa<u>s</u>chen	(3) wa<u>ch</u>sen	(4) se<u>chs</u>

Aufgabe 2　다음 강세 표시가 틀린 것을 고르시오.

1. (1) Abfáhrt　(2) bekómmen　(3) Natión　(4) Proféssor
2. (1) Famílie　(2) Polizíst　(3) studíeren　(4) Proféssorin
3. (1) vielléicht　(2) Melodíe　(3) Koréa　(4) Pólizei

Übungen | 연습문제 Part 2

Lektion 2 명사

Aufgabe 1 다음 주어진 단어들을 성에 따라 구분하시오.

> Argument, Bäckerei, Bier, Deckel, Diät, Einsamkeit, Fahrer, Fahrt, Freundschaft, Gang, Grammatik, Hähnchen, Himmel, Idealismus, Irrtum, Jogging, Klang, Kollege, Leben, Lüge, März, Norden, Regen, Rose, Sprung, Studium, Tanz, Wagen, Zeitung, Zwilling

der

die

das

Part 2 Übungen | 연습문제

Aufgabe 2   다음 주어진 단어를 알맞게 채워 넣으시오.

1. Die Tür (   ) ist rot.   —   Haus (n.)

2. Das ist die Brille (   ).   —   Chefin (f.)

3. Sie hört die Stimme (   ).   —   Säugling (m.)

4. (   ) lernen für die Prüfung.   —   Studentin (pl.)

5. Ich brauche die Unterschrift (   ). —   Kunde (m.)

6. Geben Sie (   ) den Mantel!   —   Herr (m.)

7. Den Namen (   ) kenne ich nicht. —   Deutsche (m.)

8. Wie findest du (   ) aus Berlin? —   Kollegin (f.)

9. Die Rede (   ) war sehr informativ. —   Präsident (m.)

10. (   ) machen eine Aussage.   —   Zeuge (pl.)

Übungen | 연습문제　　Part 2

Lektion 3 동사

Aufgabe 1　다음 빈칸에 알맞은 동사 어미를 채워 넣으시오.

1. Herr Schmidt trink_____ eine Tasse Tee.

2. Ich brauch_____ einen Bleistift.

3. Arbeit_____ du heute Abend?

4. Der Lehrer korrigier_____ die Fehler.

5. Die Studenten beantwort_____ die Fragen.

6. Wir besuch_____ am Wochenende unsere Großeltern.

7. Wie find_____ Sie das Theaterstück?

8. Meine Mutter bügel_____ die Bluse.

9. Nehm_____ ihr euch im Sommer Urlaub?

10. Der Techniker reparier_____ den Kopierer.

Part 2 Übungen | 연습문제

Aufgabe 2 다음 보기를 참고하여 괄호 안에 적당한 동사형을 채워 넣으시오.

> sprechen, tragen, laufen, lesen, essen, empfangen, vergessen, laden, wachsen, schlafen, blasen, waschen

1. Paula (   ) drei Sprachen.
2. (   ) du gern Kriminalromane?
3. Mein Bruder (   ) Sandalen.
4. Er (   ) morgens Brötchen mit Honig.
5. Wie schnell (   ) du auf 100 Meter?
6. Herr Schmidt (   ) am Wochenende sein Auto.
7. Die Schülerin (   ) oft ihre Hausaufgaben.
8. (   ) du die Hotelgäste persönlich?
9. Meine Mutter (   ) die Einkäufe ins Auto.
10. In unserem Garten (   ) ein Apfelbaum.
11. Das Baby (   ) noch nicht.
12. Der Wind (   ) um die Häuser.

Übungen | 연습문제　　Part 2

Aufgabe 3　다음 주어진 동사형을 알맞은 형태로 넣으시오.

1. Mein Vater _____ ein Taxi.　　　　　(nehmen)
2. Ich _____ gar nichts von ihm.　　　　(wissen)
3. _____ ihr morgen zu Hause?　　　　(sein)
4. Was _____ Sie von Beruf?　　　　　(sein)
5. Das Wetter _____ kalt.　　　　　　(werden)
6. Was _____ es Neues?　　　　　　(geben)
7. _____ ihr Hefte und Bücher?　　　　(haben)
8. Das _____ meine Eltern.　　　　　(sein)
9. Du _____ bald wieder gesund.　　　(werden)
10. _____ du noch ein Glas Bier?　　　(nehmen)
11. Das Kind _____ in eine Wasserpfütze.　(treten)
12. Was _____ du über Deutschland?　　(wissen)

Part 2　Übungen | 연습문제

Lektion 4　인칭대명사

Aufgabe 1　다음에 알맞은 인칭대명사를 넣으시오.

1. Hier arbeitet Fritz. Kennst du (　　　　　　　)?

2. Kommst du heute? Wir erwarten (　　　　　　　).

3. Siehst du Petra oft? – Ja, ich sehe (　　　　　　　) oft.

4. Lobt der Lehrer die Schüler? – Ja, er lobt (　　　　　　　).

5. Fragt der Lehrer das Mädchen? – Ja, er fragt (　　　　　　　).

6. Brauchst du morgen das Wörterbuch?
　　Nein, ich brauche (　　　　　　　) nicht.

7. Das Kind hat Durst. Wer gibt (　　　　　　　) Wasser?

8. Ich brauche Hilfe. Wer hilft (　　　　　　　)?

9. Inge hat Geburtstag. Ich gratuliere (　　　　　　　).

10. Meine Eltern fahren in den Urlaub.
　　Ich gebe (　　　　　　　) meinen Fotoapparat.

11. Verstehst du uns? Nein, ich verstehe (　　　　　　　) leider nicht.

12. Mein Onkel hat Geburtstag. Was schenken wir (　　　　　　　)?

13. Wann kommst du mich besuchen? Ich vermisse (　　　　　　　).

14. Peter und ich sind verheiratet. (　　　　　　　) haben zwei Kinder.

15. Können (　　　　　　　) mir helfen? - Ja, ich helfe Ihnen gerne.

Übungen | 연습문제 Part 2

Aufgabe 2 다음에 알맞은 전치사와 인칭대명사의 결합형을 넣으시오.

1. Fahren Sie mit der Mutter ins Krankenhaus?
   Ja, ich fahre (   ) ins Krankenhaus.

2. Fahren Sie mit dem Bus?
   Ja, ich fahre (   ).

3. Lernst du für die Prüfung?
   Ja, ich lerne (   ).

4. Sprechen Sie gerade über den Mann?
   Ja, wir sprechen (   ).

5. Denkst du an deine Eltern?
   Ja, ich denke (   ).

6. Diskutiert ihr über die Frage?
   Ja, wir diskutieren (   ).

7. Fragt der Arzt nach dem Patienten?
   Ja, der Arzt fragt (   ).

8. Wartet ihr schon lange auf mich?
   Ja, wir warten schon lange (   ).

9. Lachen sie über die Witze?
   Ja, sie lachen (   ).

10. Achtest du immer auf den Straßenverkehr?
    Ja, ich achte immer (   ).

Part 2　Übungen | 연습문제

Lektion 5　소유관사

Aufgabe 1　다음에 알맞은 소유대명사를 넣으시오.

1. Die CD gehört mir. Das ist (　　　　　) CD.

2. Er wohnt im obersten Stockwerk.
   (　　　　　) Zimmer ist klein.

3. Wir haben heute Deutschunterricht.
   (　　　　　) Lehrer kommt und die Stunde beginnt.

4. Entschuldigen Sie bitte.
   Ist das (　　　　　) Uhr?

5. Herr und Frau Braun haben ein Haus.
   Es ist (　　　　　) Haus.

6. Habt ihr eine Waschmaschine?
   Wo steht (　　　　　) Waschmaschine?

7. Wo wohnt Inge?
   Hast du (　　　　　) Adresse?

8. Das sind unsere Nachbarn und (　　　　　) Hund.

9. Du hast doch eine Kamera.
   Wo ist (　　　　　) Kamera?

10. Maria hat viele Bücher.
    Wo stehen (　　　　　) Bücher?

Übungen | 연습문제 Part 2

11. Was macht ihr am Wochenende?
    Wir besuchen am Sonntag (　　　　　) Großeltern.

12. Kommst du morgen nicht zur Party?
    Nein, leider nicht. (　　　　　) Bruder ist krank und (　　　　　) Eltern sind im Urlaub.

13. Warum kommt Herr Schmitt mit dem Fahrrad zur Arbeit?
    (　　　　　) Auto ist in der Werkstatt.

14. Markus geht heute Abend mit (　　　　　) Freundin ins Kino.

15. Herr und Frau Wagner fahren mit (　　　　　) Enkelkindern in den Zoo.

Aufgabe 2   다음에 알맞은 어미를 써 넣으시오.

1. Tom, sind das deine Schuhe? Ja, das sind mein_____.

2. Ist das deine Jacke? Ja, das ist mein_____.

3. Das sind unsere Kinder. Wo sind euer_____?

4. Sind das nicht eure Handys? Nein, das sind nicht unser_____.

5. Das ist nicht dein USB-Stecker, sondern mein_____.

6. Ist das Ihr Buch? Nein, das ist nicht mein_____.

7. Ist das die Tasche von Anna? Nein, das ist nicht ihr_____.

8. Sind das Ihre Papiere? Ja, das sind mein_____.

9. Ist das Ihr Platz? Ja, das ist mein_____.

10. Das ist nicht ihr Computer, sondern sein_____.

Part 2　Übungen | 연습문제

Lektion 6 동사의 3요형

Aufgabe 1　다음 문장을 과거형으로 고치시오.

1. Meine Mutter spricht immer laut.

2. Herr Kunze arbeitet nicht viel.

3. Wir spielen nach der Schule Tennis.

4. Mein Freund kauft sich ein Auto.

5. Das macht viel Spaß.

6. Das Kind malt ein Bild.

7. Sie kocht jeden Tag das Abendessen.

8. Thomas besucht am Wochenende seine Familie.

9. Seine Freundin lebt in Berlin.

10. Sie holen die Katze vom Baum.

11. Es regnet sehr viel.

12. Die Angestellten fragen nach den Namen der Kunden.

13. Julia macht in Deutschland einen Sprachkurs.

14. Wir suchen im Internet ein Hotelzimmer.

15. Die Krankenschwester pflegt die Patienten.

Übungen | 연습문제 　Part 2

Aufgabe 2　다음 문장을 과거형으로 고치시오.

1. Bist du krank?
2. Denkt ihr nach?
3. Der Bus hat Verspätung.
4. Die Kinder bleiben zu Hause.
5. Ich esse ein Sandwich.
6. Der Postbote bringt einen Brief.
7. Du weißt davon gar nichts.
8. Der Hund bellt nicht.
9. Der Zug hält nur fünf Minuten.
10. Ich studiere Jura.
11. Sandra ist heute nicht in der Schule.
12. Die Studenten schreiben eine Prüfung.
13. Wir treffen unsere Freunde an der Universität.
14. Warum ruft er nicht die Polizei?
15. Hast du eine Erkältung?
16. Die Sekretärin geht heute früher nach Hause.
17. Ich sitze auf einer Parkbank in der Sonne.
18. Meine Mutter hilft mir bei den Hausaufgaben.
19. Du kennst meine Freunde noch nicht.
20. Ihr findet die Vorlesung interessant.

Part 2   Übungen | 연습문제

Lektion 7 분리/비분리 동사

Aufgabe 1   다음을 완전한 문장으로 만드시오.

1. der Zug / ankommen / pünktlich

2. Paula / einladen / ihre Freundinnen / zum Geburtstag

3. Ich / aufstehen / jeden Morgen / um sieben Uhr

4. Fritz / besuchen / seinen Onkel

5. das Auto / stehenbleiben / auf der Straßenkreuzung

6. der Vater / mitbringen / den Kindern / ein Geschenk

7. das Buch / gehören / mir

8. Herr Meier / ausmachen / das Licht / im Keller

9. das Kind / zerbrechen / die Tasse

10. Peter / abschreiben / in der Prüfung

11. meine Mutter / einkaufen / im Supermarkt

12. das Kind / hinfallen / auf dem Spielplatz

13. Ich / fernsehen / am Wochenende / sehr viel

14. du / abholen / die Kinder / von der Schule

15. die Kinder / aufräumen / nie / ihre Zimmer

Übungen | 연습문제　Part 2

Aufgabe 2　다음 주어진 동사를 알맞게 넣으시오.

1. Er _____ mich früh morgens _____.　　(anrufen)

2. Inge _____ in ihrem Kleid sehr schick _____.　　(aussehen)

3. Die Studenten _____ den Vorlesungsraum _____.　　(betreten)

4. Alle _____ den Saal _____.　　(verlassen)

5. Er _____ immer viel Interessantes _____.　　(erzählen)

6. Wann _____ du die Rechnung _____?　　(bezahlen)

7. In der Pause _____ die Azubis das Radio _____.　　(einschalten)

8. Der Präsident _____ die Gäste aus Südkorea _____.　　(empfangen)

9. Mein Freund _____ heute mit mir _____.　　(ausgehen)

10. Die Schüler _____ im Unterricht nicht _____.　　(zuhören)

Part 2　Übungen | 연습문제

Lektion 8 동사의 6시제

Aufgabe 1　다음을 현재완료형으로 고치시오.

1. Paula ist dick.

2. Der Schüler liest ein Magazin.

3. Schlafen Sie gut?

4. Peter wird Beamter.

5. Der Busfahrer fährt zu schnell.

6. Nimmst du das Brot?

7. Diese Pflanzen wachsen gut.

8. Der Hund folgt mir.

9. Machst du noch weiter?

10. Siehst du den Mann dort drüben?

11. Die Großmutter erzählt den Kindern eine Geschichte.

12. Frau Müller kauft in der Apotheke einen Hustensaft.

13. Die Sanitäter bringen den Verletzten ins Krankenhaus.

14. Ich erbe viel Geld von meinem Onkel.

15. Sie trinkt eine Tasse Kaffee zum Frühstück.

Übungen | 연습문제　　Part 2

Aufgabe 2　다음을 과거완료형으로 고치시오.

1. Das Auto ist schon alt.

2. Ich helfe meiner Mutter im Haushalt.

3. Er erfährt die Wahrheit über Maria.

4. Otto raucht zu viel.

5. Er spricht nie darüber.

6. Die Fußballmannschaft verliert mit 2:0.

7. Mein Freund trinkt sehr viel Alkohol.

8. Unsere Gäste gehen schon nach Hause.

9. Du telefonierst viel mit deinen Freunden.

10. Die Kundin bezahlt ihre Rechnung im Voraus.

11. Der Patient fällt ins Koma.

12. Die Studenten lernen nicht für die Prüfung.

13. Sie hat immer Schmerzen im Rücken.

14. Die Suppe ist zu salzig.

15. Ich esse beim Grillfest viele Würstchen.

Part 2　Übungen | 연습문제

Lektion 9　화법조동사

Aufgabe 1　다음 주어진 화법조동사를 알맞은 형태로 채워 넣으시오.

1. Ich _____ um acht Uhr im Büro sein. (müssen)
2. Autofahrer _____ keinen Alkohol trinken. (dürfen)
3. _____ du auch ins Kino mitkommen? (wollen)
4. _____ ich am Wochenende in die Disco gehen? (dürfen)
5. Herr Scholz _____ mehr Sport treiben! (sollen)
6. Unsere Tochter _____ abends nicht früh ins Bett gehen. (wollen)
7. Ein Bäcker _____ jeden Tag sehr früh aufstehen. (müssen)
8. In diesem Restaurant _____ ihr bis 22 Uhr abends essen. (können)
9. Du _____ in den Semesterferien ein Praktikum absolvieren. (sollen)
10. Die Besucher _____ das Museum kostenlos besuchen. (können)

Aufgabe 2　다음 빈칸에 가장 적합한 화법조동사를 넣으시오.

1. Hier (_____) man nicht rauchen.
2. (_____) deutsche Schüler eine Schuluniform tragen?
3. Was (_____) ich für Sie tun?

Übungen | 연습문제   **Part 2**

4. Ich (   ) heute zu Hause bleiben und lernen, sagt mein Vater.

5. Du (   ) jetzt gehen. Dein Zug fährt gleich ab.

6. Erika ist krank. Sie (   ) nicht in die Schule gehen.

7. Mein Vater (   ) morgen nach Bonn fahren.

8. Ich (   ) die laute Musik nicht ertragen.

9. Unsere Tochter ist sechs Monate alt. Sie (   ) noch nicht laufen.

10. Im Museum (   ) man nicht fotografieren.

11. Du (   ) dir nach dem Essen die Zähne putzen!

12. (   ) Sie mir ein gutes Restaurant empfehlen?

13. Ihr (   ) leise sein! Das Baby schläft.

14. Kai ist zu dick. Er (   ) eine Diät machen.

15. Dieses Hotel gefällt mir. Hier (   ) ich übernachten.

Aufgabe 3   'mögen'의 알맞은 형태를 써 넣으시오.

1. Ich (   ) keinen Kaffee.

2. (   ) Sie Fleisch? Oder sind Sie Vegetarier?

3. Meine Eltern (   ) meinen Freund nicht.

4. (   ) du Basketball?

| Part 2 | **Übungen** | 연습문제 |

5. (   ) ihr den neuen Kollegen?
   Ja, wir (   ) ihn. Er ist sehr nett.

Aufgabe 4   다음 문장을 과거와 현재완료형으로 고치시오.

1. Ich will nach Berlin.
   과거:
   현재완료:

2. Ich darf nicht mehr rauchen.
   과거:
   현재완료:

3. Ich kann das Buch nicht lesen.
   과거:
   현재완료:

4. Laura mag ihre neue Lehrerin.
   과거:
   현재완료:

5. Die Angestellten müssen Überstunden machen.
   과거:
   현재완료:

Übungen | 연습문제 Part 2

Lektion 10 전치사

Aufgabe 1   다음에 알맞은 관사 어미를 채워 넣으시오.

1. Er geht um neun Uhr aus d_____ Haus.

2. Ich gehe zu mein_____ Mutter.

3. Sie arbeitet für ihr_____ Kinder.

4. Das Auto fährt um d_____ Ecke.

5. Meine Wohnung liegt d_____ Bahnhof gegenüber.

6. Gehen Sie dies_____ Straße entlang!

7. Nach d_____ Unterricht gehen wir zusammen ins Kino.

8. Der Postbote steckt den Brief in d_____ Briefkasten.

9. Die Kunden zahlen auf d_____ Bank ihr Geld ein.

10. Wir spielen auf d_____ Sportplatz Fußball.

11. Ich stelle mein Fahrrad immer an dies_____ Platz.

12. Eva und Paul sind vor d_____ Brandenburger Tor verabredet.

13. Wegen d_____ schlechten Wetters wird das Fußballspiel abgesagt.

14. Ina hat seit ihr_____ Autounfall gesundheitliche Probleme.

15. Trotz d_____ schlechten Bedingungen brauchen wir einen Kredit.

Part 2　Übungen | 연습문제

Aufgabe 2　다음 빈칸에 알맞은 전치사와 관사를 넣으시오.

1. Er holt das Bier _____ Kühlschrank.

2. Ich fahre _____ Taxi.

3. Mein Bruder wohnt jetzt _____ Studentenwohnheim.

4. Der Zug fährt _____ Tunnel.

5. _____ Reisepass können die Touristen nicht verreisen.

6. _____ Regens können wir keinen Ausflug machen.

7. Sie bekommt _____ Eltern Taschengeld.

8. Ich bin schon _____ Woche hier.

9. Ich fahre _____ Flughafen.

10. Die Studenten lernen _____ Prüfung.

11. An der Haltestelle kann man _____ Bus einsteigen.

12. Herr Müller geht _____ Hund spazieren.

13. Meine Großmutter kann _____ Brille nicht gut lesen.

14. Du solltest unbedingt _____ Arzt gehen.

15. Unsere Familie macht dieses Jahr _____ Schweiz Urlaub.

Übungen | 연습문제   Part 2

Aufgabe 3   다음 빈칸에 알맞은 전치사와 관사를 넣으시오.

1. _____ Morgen gehen wir zusammen zur Schule.

2. _____ Juli ist es sehr heiß.

3. Die Kinder waschen sich _____ Essen die Hände.

4. Sie lebt _____ zwei Jahren in Deutschland.

5. _____ Nacht kann ich nicht richtig schlafen.

6. _____ Winter fährt man meistens Ski.

7. _____ Essen soll man nicht schmatzen!

8. _____ Wochenende werde ich nach München fahren.

9. Ich möchte mein Studium _____ zwei Jahren beenden.

10. Seine Freundin hat _____ 24. Dezember Geburtstag.

11. _____ Samstag treffe ich mich mit meinen Freunden.

12. Das Flugzeug startet _____ 20 Uhr.

13. Wir lesen den Kindern _____ Einschlafen eine Geschichte vor.

14. _____ schönem Wetter gehe ich gern spazieren.

15. Ich besuche _____ Weihnachten meine Familie in Köln.

Part 2　Übungen | 연습문제

Aufgabe 4　다음 빈칸에 알맞은 전치사와 관사를 넣으시오.

1. Die Postkarte liegt _____ Briefkasten.

   Der Briefträger legt die Postkarte _____ Briefkasten.

2. Der Spiegel hängt _____ Wand.

   Ich hänge den Spiegel _____ Wand.

3. Die Katze sitzt _____ Boden.

   Ich setze die Katze _____ Boden.

4. Das Motorrad steht _____ Hof.

   Er stellt das Motorrad _____ Hof.

5. Die Urlauber liegen _____ Strand.

   Die Urlauber legen sich _____ Strand.

Aufgabe 5　다음에 알맞은 정관사를 넣으시오.

1. Er stellt das Fahrrad neben _____ Tür.

2. Ich gehe in _____ Museum.

3. Der Spiegel hängt über _____ Waschbecken.

4. Schreiben Sie Ihren Namen auf _____ Zettel!

5. Die Katze schläft unter _____ Baum.

Übungen | 연습문제 Part 2

6. Es gibt einen Stau auf _____ Autobahn.

7. Der Schnellzug fährt durch _____ Bahnhof.

8. Claudia fährt mit _____ U-Bahn nach Hause.

9. Der Bus fährt über _____ Brücke.

10. Bitte wählen Sie ein Gericht von _____ Speisekarte!

11. Frau Schmidt bringt ihre Kinder in _____ Kindergarten.

12. Die Lehrerin schreibt das Wort an _____ Tafel.

13. Ich brauche ein Medikament gegen _____ Husten.

14. Trotz _____ Kälte trägt er eine kurze Hose.

15. Max stellt die Bücher zurück in _____ Regal.

Part 2　Übungen | 연습문제

Lektion 11 형용사

Aufgabe 1　다음 주어진 문장들을 보기와 같이 만드시오.

> Das Auto ist alt. → das alte Auto

1. Das Fahrrad ist neu.

2. Der Film ist langweilig.

3. Die Torte ist lecker.

4. Die Musik ist laut.

5. Der See ist tief.

6. Die Hose ist eng.

7. Das Gebäude ist hoch.

8. Der Rock ist kurz.

9. Das Mädchen ist hübsch.

10. Der Koffer ist schwer.

Übungen | 연습문제   Part 2

Aufgabe 2   다음에 알맞은 형용사 어미를 넣으시오.

1. Frisch_____ Luft ist gesund.

2. Wir haben groß_____ Hunger.

3. Warm_____ Tee hilft bei Erkältung.

4. Ihr trinkt gern ausländisch_____ Bier.

5. Mein Freund hat blond_____ Haare und blau_____ Augen.

Aufgabe 3   다음에 알맞은 형용사 어미를 넣으시오.

1. Tim hat eine neu_____ Freundin.

2. Er trägt keinen rot_____ Pullover.

3. Ich fahre mit meiner deutsch_____ Freundin in den Urlaub.

4. Sein alt_____ Auto fährt noch gut.

5. Das Kind hat Angst vor dem fremd_____ Mann.

6. Ihr klein_____ Bruder geht noch in den Kindergarten.

7. Ist das wirklich die Villa des berühmt_____ Sängers?

8. Die koreanisch_____ Touristen besichtigen ein Museum.

9. Mein Freund besitzt ein schnell_____ Motorrad.

10. Bernd sitzt auf einem wackelig_____ Stuhl.

| Part 2 | **Übungen** | 연습문제 |

11. Dieser neu_____ Computer ist sehr leistungsfähig.

12. Siehst du jenes hoh_____ Haus?

13. Kannst du mir dieses interessant_____ Buch ausleihen?

14. Dieser gutaussehend_____ Mann ist ein bekannt_____ Schauspieler.

15. Die beid_____ Freunde sitzen in einer gemütlich_____ Cafeteria.

Aufgabe 4   다음 주어진 단어를 현재분사형으로 고치시오.

1. Ich helfe dem _____ Hund.   (hungern)

2. Beantworten Sie _____ Fragen!   (folgen)

3. Treffen wir uns _____ Woche!   (kommen)

4. Die Mutter legt das _____ Kind ins Bett.   (schlafen)

5. Die Feuerwehr rettete alle Leute aus dem _____ Haus.   (brennen)

Aufgabe 5   다음 주어진 단어를 과거분사형으로 고치시오.

1. Der _____ Ring ist sehr wertvoll.   (verlieren)

2. Ich esse _____ Eier.   (kochen)

3. Er ist auf die _____ Straße gefallen.   (frieren)

4. Bitte schicken Sie mir den _____ Text per E-Mail.   (korrigieren)

5. Die Kunden warteten vor dem noch _____ Geschäft.   (schließen)

Übungen | 연습문제   Part 2

Aufgabe 6   다음 빈칸에 알맞은 어미를 넣으시오.

1. Dieser Film ist für Erwachsen_____.

2. Geben Sie dem Angestellt_____ diese Unterlagen.

3. Die Krankenschwester hilft dem Verletzt_____.

4. Der Pass des Reisend_____ ist verschwunden.

5. Der Taxifahrer fährt die Betrunken_____ nach Hause.

Aufgabe 7   다음에 알맞은 형용사 어미를 넣으시오.

1. Die Zahl der Arbeitslos_____ steigt immer weiter.

2. Die Krank_____ muss täglich zum Arzt gehen.

3. Hast du mit dem Fremd_____ gesprochen?

4. Heute habe ich etwas Interessant_____ in der Zeitung gelesen.

5. Melanie ist die Jüngst_____ in unserer Familie.

Part 2　Übungen | 연습문제

Lektion 12　비교변화

Aufgabe 1　괄호 안의 단어들을 이용해서 형용사 원급, 비교급, 최상급 문장으로 만드시오.

1. das Haus, der Kirchturm, der Fernsehturm　　　　(hoch sein)

2. Peter, Bruno, Fritz　　　　(ein gutes Fahrrad haben)

3. ein Motorrad, ein Auto, ein Flugzeug　　　　(schnell sein)

4. mein Sohn, dein Sohn, sein Sohn　　　　(fleißig lernen)

5. der Frühling, der Sommer, der Herbst　　　　(schön sein)

Aufgabe 2　다음 빈칸을 채워 넣으시오.

1. Peter arbeitet nicht so fleißig _____ Manfred.

2. Du bist schöner _____ ich.

3. Ich mag Tee lieber _____ Kaffee.

4. Die Reparatur ist fast so teuer _____ ein neues Gerät.

5. _____ mehr du liest, _____ klüger wirst du.

6. Ist dieses Zimmer ebenso groß _____ jenes?

7. Willst du mit mir ins Kino gehen? Nein, ich habe keine Lust.
　　Ich bleibe _____ zu Hause.

Übungen | 연습문제   Part 2

8. Alexander spricht _____ Deutsch, Tanja spricht _____ als Alexander, aber Barbara spricht _____.

9. Der Angestellte verdient weniger Geld _____ sein Vorgesetzter.

10. Die Mathematikprüfung war schwer. Die Englischprüfung war noch _____ und die Deutschprüfung war _____.

Aufgabe 3   다음 주어진 단어를 빈칸에 알맞은 형태로 써 넣으시오.

1. Paul ist der _____ Schüler von allen.   (groß)
2. Wer ist _____, du oder er?   (schnell)
3. Inge ist so _____ wie ich.   (schlank)
4. Die Musik wird _____ und _____.   (laut)
5. Wann ist es hier _____?   (kalt)
6. Ingo ist der _____ Schüler in unserer Klasse.   (gut)
7. Mein Vater ist _____ als meine Mutter.   (alt)
8. Wann ist bei euch das Wetter am _____?   (schön)
9. Dein Handy ist _____ als meins.   (praktisch)
10. Ich finde den Abenteuerroman _____ als den Krimi. (interessant)

Part 2　Übungen | 연습문제

Lektion 13　수사

Aufgabe 1　다음 아라비아 숫자를 독일어로 쓰시오.

1. Wählen Sie Nr. 1!

2. Der Anzug kostet 145 Euro.

3. Sie hat mit 35 Jahren geheiratet.

4. Der Sportwagen fährt 180 km/h auf der Autobahn.

5. Ein Becher Joghurt kostet 0,49 Cent.

6. Für den Kuchen brauchen wir 12 Eier und 1 Pfd. Mehl.

7. Die Marathonstrecke ist 42,195 km lang.

8. Meine Wohnung ist 65 ㎡ groß.

9. Nur 8,25 % der Studenten haben die Prüfung bestanden.

10. Ich hätte gern 1½ kg Schweinefleisch für den Braten.

Aufgabe 2　다음 시각을 일상적인 표현의 독일어로 쓰시오.

1. 07:05 Uhr　—

2. 07:15 Uhr　—

3. 07:20 Uhr　—

Übungen | 연습문제　Part 2

4. 07:25 Uhr　–

5. 07:30 Uhr　–

6. 07:35 Uhr　–

7. 07:40 Uhr　–

8. 07:45 Uhr　–

9. 07:55 Uhr　–

10. 08:00 Uhr　–

Aufgabe 3　다음 문장의 숫자들을 독일어로 쓰시오.

1. Heute ist der 1.5.2002.

2. Ich bin am 5. Juli 1980 geboren.

3. Der Brief ist vom 25.11.

4. Berlin, den 17.10.1998

5. Kaiser Rudolph II. interessierte sich sehr für Kunst.

6. Die Gästezimmer sind im 5. Stock.

7. Schloss Neuschwanstein wurde von Ludwig II. erbaut.

8. Ich bestelle mir auf dem Volksfest ein 1/2 Hähnchen.

9. Das Gemälde ist aus dem Jahr 1785.

10. Wir feiern heute den 80. Geburtstag meines Großvaters.

Part 2 | Übungen | 연습문제

Lektion 14 부사

Aufgabe 1 다음 보기의 단어들을 이용해 문장을 완성하시오.

> denn, früher, gern, hinterher, nach unten, nie, nur, sofort, überhaupt, wahrscheinlich, wenigstens, ziemlich

1. Das ist _____ nicht wahr.

2. Komm _____ zu mir!

3. Dein Fahrrad ist im Keller. Geh _____!

4. _____ kommt er morgen.

5. Ich war noch _____ in Deutschland.

6. Er liest sehr _____.

7. Der Film war _____ langweilig.

8. Mein Opa sagt immer : "_____ war alles besser."

9. Was ist _____ los?

10. Ich habe _____ zwölf Stunden geschlafen.

11. Ich wollte _____ etwas trinken.

12. Eine Katze folgt mir _____.

Übungen | 연습문제   Part 2

Aufgabe 2   다음 물음에 답하시오.

1. Ist sein Auto alt?
   긍정 :
   부정 :

2. Sind Sie der neue Mieter?
   긍정 :
   부정 :

3. Habt ihr Monika nicht gesehen?
   긍정 :
   부정 :

4. Bist du mit ihr befreundet?
   긍정 :
   부정 :

5. Hat er keine Freunde in Deutschland?
   긍정 :
   부정 :

Aufgabe 3   다음에 알맞은 부정사를 넣으시오.

1. Ich habe _____ Zeit.

2. Ich habe _____ viel Zeit.

3. Seine Frau ist auch _____ berufstätig.

Part 2　Übungen | 연습문제

4. In diesem Haus wohnt _____ berufstätige Frau.

5. Pilze sind _____ alle giftig.

6. Er hat _____ Brüder.

7. Sie wohnt _____ in München.

8. Der Bus fährt _____ zwei Tage.

9. Er ist _____ mein Freund.

10. Bring mir _____ das Buch, sondern die Zeitung!

Aufgabe 4　다음 주어진 문장들의 알맞은 위치에 nicht를 넣으시오.

1. Ich esse gern Spaghetti.

2. Er ist zu Hause.

3. Er ruft seine Eltern an.

4. Die Tabletten helfen gut.

5. Der Kaffe ist besonders stark.

6. Er hat es mir gesagt.

7. Die Soße schmeckt mir gut.

8. Ich bin zufrieden mit der Arbeit.

9. Das Schnitzel ist sehr groß.

10. Bei der Kälte gehen wir ins Schwimmbad.

Übungen | 연습문제 Part 2

Lektion 15 의문사

Aufgabe 1 빈칸에 알맞은 의문사를 채워 넣으시오.

1. Das Telefon hat geklingelt. _____ war denn dran? - Papa.

2. _____ hast du zum Abendessen eingeladen?

3. Weißt du, _____ dieser Pullover gehört?

4. _____ Buch ist das? - Es gehört Laura.

5. _____ ist denn passiert?

6. _____ kommst du? - Aus Berlin.

7. _____ besuchst du mich? - Morgen.

8. _____ bleiben Sie hier? - Zwei Tage.

9. _____ besucht ihr den Deutschkurs? - Jeden Tag.

10. _____ kommt er noch nicht? - Ich habe keine Ahnung.

11. _____ hast du das Buch geliehen? - Meiner Freundin.

12. _____ Modell gefällt Ihnen besser?

13. _____ gehst du zum Friseur? - Einmal im Monat.

14. Wisst ihr, _____ Koffer das ist? - Nein, leider nicht.

15. _____ ist es von hier? - Etwa 20 Kilometer

Part 2   Übungen | 연습문제

Aufgabe 2   다음 밑줄친 부분에 해당하는 질문을 의문사와 전치사의 결합형으로 작성하시오.

1. Sie kauft das Buch für ihren Sohn.
 →

2. Herr Krüger wartet auf den Zug.
 →

3. Peter wartet auf seinen Vater.
 →

4. Meine Großmutter denkt immer an ihre Jugendzeit.
 →

5. Markus wohnt bei seinem Onkel.
 →

6. Julia nimmt an einem Deutschkurs teil.
 →

7. Er fährt jeden Tag mit dem Auto zur Arbeit.
 →

8. Ich denke sehr oft an dich.
 →

9. Sie lachen gerade über einen Witz.
 →

10. Robert hat den ganzen Abend mit Ina getanzt.
 →

Übungen | 연습문제　　Part 2

Aufgabe 3　다음 밑줄친 부분에 해당하는 질문을 작성하시오.

1. Manfred hat zwei Brüder.
 →

2. Sie schreibt mit der linken Hand.
 →

3. Eva kauft sich eine schicke Jacke.
 →

4. Die Jacke kostet 200 Euro.
 →

5. Ich muss bis neun Uhr im Büro sein.
 →

6. Er raucht seit fünf Jahren nicht mehr.
 →

7. Sie hat ihre Freundinnen in der Stadt getroffen.
 →

8. Herr Winter kommt jeden Tag um acht Uhr ins Büro.
 →

9. Frau Meier ist ab morgen im Urlaub.
 →

10. Ich studiere Jura an der Goethe-Universität.
 →

Part 2   Übungen | 연습문제

Lektion 16 접속사

Aufgabe 1   다음 주어진 문장을 대등 접속사로 연결하시오.

1. Ich bin kein Student. Ich bin Angestellter.
   →

2. Mein Freund bestellt ein Glas Bier. Er hat Durst.
   →

3. Der Briefträger kommt. Er hat keine Post.
   →

4. Er kommt heute. Er kommt morgen.
   →

5. Ich studiere Germanistik. Mein Bruder studiert Betriebswirtschaft.
   →

6. Du bereitest das Abendessen vor. Ich bringe den Rotwein mit.
   →

7. Sie hat schon viele Leute gefragt. Niemand konnte ihr helfen.
   →

8. Der Student hat sehr großen Hunger. Er hat heute noch gar nichts gegessen.
   →

9. Birgit studiert schon drei Monate in Paris. Julia ist erst seit einer Woche dort.
   →

10. Wir machen keine Radtour zum See. Wir machen einen Ausflug in die Berge.
    →

Übungen | 연습문제　　Part 2

Aufgabe 2　다음 주어진 접속사를 통해 두 문장을 연결하시오.

1. Sie kann Deutsch sprechen. Sie kann Englisch sprechen.
   (nicht nur...sondern auch)
   →

2. Meine Wohnung ist groß. Meine Wohnung ist klein.
   (weder...noch)
   →

3. Sie mag Pizza. Sie mag Spaghetti.
   (sowohl...als auch)
   →

4. Er schickt mir eine SMS. Er schickt mir eine E-Mail.
   (entweder...oder)
   →

5. Sie ist krank. Sie ist immer lustig.
   (zwar...aber)
   →

6. Peter hat das Abitur nicht bestanden. Er hat auch keinen Studienplatz bekommen.
   (weder...noch)
   →

7. Der Computerbildschirm ist zu teuer. Er hat eine schlechte Auflösung.
   (nicht nur...sondern auch)
   →

Part 2　Übungen | 연습문제

8. Spargel ist gesund und sehr schmackhaft.
   (sowohl...als auch)
   →

9. Der Park ist nicht gepflegt. Viele Leute besuchen ihn regelmäßig.
   (zwar...aber)
   →

10. Meine Großmutter liest mir aus dem Buch vor. Sie erzählt mir eine Geschichte.
    (entweder...oder)
    →

Aufgabe 3　다음 주어진 예에 따라 빈칸에 알맞은 접속사를 넣으시오.

> als, bevor, da, darum, dass, deshalb, nachdem, obwohl, seitdem, trotzdem, während, weil, wenn

1. _____ wir am Bahnhof ankamen, war der Zug bereits weg.

2. Sie spricht so leise, _____ man sie nicht verstehen kann.

3. _____ du willst, komme ich mit.

4. Ich kann nicht schlafen, _____ ich arbeiten muss.

5. Ich mag gern Süßigkeiten, _____ esse ich oft Schokolade.

6. Ich hoffe, _____ du bald wieder gesund bist.

7. Inge hört Musik, _____ sie ihr Zimmer aufräumt.

Übungen | 연습문제 Part 2

8. Wir machen eine Pause, _____ wir weitergehen.

9. _____ ich ständig spare, reicht mein Geld nicht.

10. _____ er aus dem Ausland zurückgekommen war, erzählte er viel Interessantes über seine Reise.

11. Ihr habt schon so oft gelogen, _____ glaube ich euch nicht mehr.

12. Sie hat ein Stipendium bekommen, _____ sie eine gute Studentin ist.

13. Herr Meier ist erschöpft, _____ arbeitet er weiter.

14. _____ Alexandra Geldsorgen hat, kann sie nachts nicht gut schlafen.

15. _____ ich im Ausland lebe, sehe ich meine Familie nur noch selten.

Part 2 — Übungen | 연습문제

Lektion 17 명령법

Aufgabe 1   다음의 문장들을 du, ihr, Sie 각각에 대한 명령형으로 바꾸시오.

1. (nehmen) Platz!
   →
   →
   →

2. (helfen) mir!
   →
   →
   →

3. (schlafen) gut!
   →
   →
   →

4. (vorlesen) laut!
   →
   →
   →

5. (sein) vorsichtig!
   →
   →
   →

Übungen | 연습문제   Part 2

6. (aufräumen) schnell!

    →

    →

    →

7. (nicht sein) traurig!

    →

    →

    →

8. (kommen) nicht zu spät!

    →

    →

    →

9. (öffnen) bitte das Fenster!

    →

    →

    →

10. (gehen) geradeaus!

    →

    →

    →

| Part 2 | **Übungen** | 연습문제 |

Aufgabe 2 다음 주어진 동사를 알맞은 형태로 채워 넣으시오.

1. _____ Sie bitte etwas lauter! (sprechen)
2. _____ möglichst schnell! (laufen - du)
3. _____ diese Fehler! (korrigieren - ihr)
4. _____ unsere Verabredung nicht! (vergessen - du)
5. _____ mir bitte die CD! (geben - du)
6. _____ doch bitte zum Bahnhof! (fahren - du)
7. _____ Sie mir bitte Ihren Ausweis! (zeigen)
8. _____ deine Lehrerin, wenn du etwas nicht weisst! (fragen - du)
9. _____ Sie bitte das Formular! (unterschreiben)
10. _____ nicht so viel! (rauchen - ihr)

Übungen | 연습문제 Part 2

Lektion 18/19 재귀대명사 / 비인칭 동사

Aufgabe 1 다음 빈칸에 3격 또는 4격 재귀대명사를 채워 넣으시오.

1. Freust du _____ auf die Sommerferien?

2. Wir setzen _____ auf die Bank.

3. Ich rasiere _____ jeden Morgen.

4. Die Kinder putzen _____ vor dem Schlafen die Zähne.

5. Hast du _____ heute Morgen die Haare gewaschen?

6. Julia und ich bereiten _____ gemeinsam auf die Deutschprüfung vor.

7. Was wünscht ihr _____ zu Weihnachten?

8. Sie hat _____ geärgert, weil ich nicht ehrlich zu ihr war.

9. Ich schminke _____ vor dem Auftritt im Theater.

10. Wir haben _____ vor einem Jahr kennengelernt.

Aufgabe 2 다음 빈칸에 알맞은 재귀대명사를 쓰시오.

1. Bitte beeil _____!

2. Ich interessiere _____ für Sport.

3. Die Mutter kümmert _____ um ihre Kinder.

Part 2   Übungen | 연습문제

4. Ich bedanke _____ für die Einladung.

5. Ich schäme _____ .

6. Meine Eltern wundern _____ über die Überraschungsparty.

7. Ich habe _____ geirrt.

8. Ich wünsche _____ ein eigenes Haus.

9. Er verhält _____ nicht richtig.

10. Meine Wohnung befindet _____ im 2. Stock.

Aufgabe 3   다음 빈칸에 알맞은 형태를 써 넣으시오.

1. Geht es _____ gut?   (Sie)

2. Wie gefällt es _____ ?   (du)

3. Es fehlt _____ an Mut.   (er)

4. Es friert _____ .   (ich)

5. Es ist _____ egal.   (ich)

Übungen | 연습문제　Part 2

Lektion 20　부정대명사

Aufgabe 1　다음 주어진 예에 따라 빈칸을 채워 넣으시오.

> alles, einer, eins, etwas, jedem, jemand, keinen, keiner, nichts, niemand, welche,

1. Gibt es _____ Neues? Nein, es gibt _____ Neues.
2. Alle Studenten sind heute da, _____ fehlt.
3. Ich wünsche Ihnen _____ Gute.
4. Hat _____ einen Kuli?
5. Nur _____ von diesen Männern kann den Arbeitsplatz bekommen.
6. Noch ein Stück Kuchen? Ja, bitte gib mir noch _____.
7. Habt ihr noch ein paar Briefumschläge? Ja, hier sind noch _____.
8. Hast du einen Bleistift? Nein, ich habe _____.
9. Der Chef drückt _____ Angestellten die Hand.
10. _____ wird das Problem lösen.

Part 2 Übungen | 연습문제

Aufgabe 2   다음 빈칸에 알맞은 어미를 넣으시오.

1. Nehmen Sie all_____ wichtig_____ Bücher mit!

2. Er hat viel_____ wichtig_____ Bücher mitgebracht.

3. Ich habe einig_____ interessant_____ Bücher gelesen.

4. Manch_____ jung_____ Leute habe keinen Job.

5. Ich habe mehrer_____ nett_____ Nachbarn.

6. Er hat nur wenig_____ gut_____ Freunde.

7. In diesem Haus wohnen einig_____ berühmt_____ Leute.

8. In der Mittagspause treffe ich viel_____ Kollegen.

9. Die Schüler lernen all_____ notwendig_____ Grammatikregeln.

10. Für dieses Rezept brauchen wir mehrer_____ unterschiedlich_____ Zutaten.

Lektion 21 관계대명사

Aufgabe 1 다음 빈칸에 알맞은 관계대명사를 넣으시오.

1. Wie heißt der Freund, _____ du heute besuchst?

2. Die Pflanze, _____ Blätter braun geworden sind, ist krank.

3. Wo ist der Brief, _____ gestern gekommen ist?

4. Hast du die Bücher, _____ auf dem Tisch liegen, gelesen?

5. Der Mann, _____ ich geholfen habe, wohnt nebenan.

6. Michael, _____ ich schon lange kenne, ist mein bester Freund.

7. _____ es hier gefällt, der kann bleiben.

8. Es gibt so vieles, _____ ihr noch nicht versteht.

9. Hast du alles beantwortet, _____ der Lehrer gefragt hat?

10. _____ zuletzt kommt, muss aufräumen.

11. Wer ist der Fluggast, _____ Gepäck noch nicht aufgegeben wurde?

12. _____ keinen Pass hat, kann nicht ins Ausland reisen.

13. Ich kenne einige Studenten, _____ vom Staat ein Stipendium bekommen.

14. Alles, _____ ich gelernt habe, habe ich schon wieder vergessen.

15. Im Urlaub besuche ich gern die Länder, _____ Kultur ich kennen lernen möchte.

Part 2 Übungen | 연습문제

Aufgabe 2 다음 빈칸에 알맞은 관계대명사와 전치사의 결합형을 넣으시오.

1. Den Mann, _____ du mich fragst, kenne ich nicht.

2. Im Internet kaufen Sie alles, _____ Sie schon lange suchen.

3. Sind das die Freunde, _____ du mir erzählt hast?

4. _____ du wartest, der kommt heute nicht.

5. Das ist alles, _____ ich euch bitte.

6. Ist die Prüfung schwer, _____ du lernst?

7. Es gibt nichts, _____ ich Angst habe.

8. Das Mädchen, _____ er sich verliebt hat, ist sehr beliebt.

9. Das ist der Freund, _____ ich gereist bin.

10. Wo ist denn der Zettel, _____ ich die Adresse geschrieben habe?

11. Es ist etwas passiert, _____ niemand gerechnet hatte.

12. Der Bus, _____ ich täglich zur Arbeit fahre, hatte heute Verspätung.

13. Deutschland ist ein Land, _____ der Tennissport sehr beliebt ist.

14. In diesem Sommer reisen wir endlich, _____ wir schon immer wollten.

15. Ich habe das Musical in New York gesehen, _____ ich letzte Woche auf Geschäftsreise war.

Übungen | 연습문제   Part 2

Lektion 22 지시대명사

Aufgabe 1 다음 빈칸에 알맞은 지시대명사를 넣으시오.

1. Hast du mein Handy nicht gesehen? Ich kann _____ nicht finden.

2. Siehst du den Mann mit der Brille? _____ ist mein Typ.

3. Welchen meinst du denn? _____ mit der Sonnenbrille?

4. Frau Meier? _____ habe ich nichts gesagt.

5. Er hat einen Sohn und eine Tochter. _____ (die letztere) ist schon verheiratet, _____ (der erstere) ist noch ledig.

Aufgabe 2 다음에 알맞은 **derselb-** 형을 넣으시오.

1. Er trägt immer _____ Jacke.

2. Meine Eltern fragen mich immer nach _____.

3. Sie hat ein schönes Handy. Ich suche _____.

4. Ich esse immer in _____ Restaurant zu Mittag.

5. Sie wohnt mit ihren Schwiegereltern in _____ Haus.

Part 2　Übungen | 연습문제

Aufgabe 3　다음에 알맞은 solch- 형을 넣으시오.

1. Du hast aber ein tolles Auto! Ich habe _____ noch nie gesehen.

2. Du hast aber eine tolle Lampe! Ich habe _____ noch nie gesehen.

3. Du hast aber einen tollen Computer! Ich habe _____ noch nie gesehen.

4. Du hast aber tolle Schuhe! Ich habe _____ noch nie gesehen.

5. Du hast aber tolle Möbel! Ich habe _____ noch nie gesehen.

Übungen | 연습문제　Part 2

Lektion 23　수동태

Aufgabe 1　다음을 수동문으로 고치시오.

1. Sie verkauft ihr Haus.
   →

2. Karl beantwortet die Frage.
   →

3. Er hat mich gerufen.
   →

4. Man glaubt nicht an Wunder.
   →

5. Die Schüler helfen mir.
   →

6. Das Geschäft schließt um 18 Uhr.
   →

7. Mein Freund hat das Buch mitgebracht.
   →

8. Auf dem Oktoberfest trinkt man viel Bier.
   →

9. Der Kunde unterschrieb gestern den Vertrag.
   →

10. Seine Großeltern hatten das Unternehmen gegründet.
    →

Part 2   Übungen | 연습문제

11. Meine Nachbarn werden die Blumen gießen.
    →

12. Wir müssen die Umwelt schützen.
    →

13. Ich übersetze den Roman ins Deutsche.
    →

14. Er holt das Auto aus der Werkstatt ab.
    →

15. Die Äztrin untersucht die Patientin in ihrer Praxis.
    →

Aufgabe 2   다음을 능동문으로 고치시오.

1. Der Patient wird vom Arzt operiert.

2. Die Wohnung war von der Hausfrau aufgeräumt worden.

3. Die Fische sind gefangen worden.

4. Der Skandal soll aufgedeckt werden.

5. Der Kuchen ist schon gebacken.

6. Die Brote sind vom Bäcker gebacken worden.

7. Das Restaurant war mir empfohlen worden.

8. Es wird dem Lebensretter gedankt.

9. Das Sommerfest wird vom Bürgermeister eröffnet.

10. Ihm ist die Buchung bestätigt worden.

Übungen | 연습문제　Part 2

Lektion 24　zu 부정문

Aufgabe 1　다음 괄호안의 단어들을 이용해 zu 부정문으로 만드시오.

1. Ich hoffe, (dich / einmal / wiedersehen).

2. Ich wünsche mir, (wieder / gesund / werden).

3. (Gitarre / spielen) macht mir viel Spaß.

4. Es ist gut für die Gesundheit, (morgens / joggen).

5. Es ist notwendig, (über wichtige Probleme / diskutieren).

6. Du hattest mir versprochen, (mich / gestern / anrufen).

7. Es ist wichtig, (regelmäßig / Sport treiben).

8. Er freute sich, (sie / endlich / persönlich / kennenlernen).

9. Ich habe heute leider keine Zeit, (das Fahrrad / reparieren).

10. Es ist verboten, (in der Wohnung / Haustiere / halten).

Aufgabe 2　다음 문장들을 zu 부정형을 포함해서 변형시키시오.

1. Ich freue mich, dass ich dich wiedersehe.
   →

2. Ich hoffe, dass ich sie täglich sehen kann.
   →

Part 2 Übungen | 연습문제

3. Ich beeile mich, damit ich nicht zu spät komme.
   →

4. Peter geht ins Bett, ohne dass er sich vorher wäscht.
   →

5. Die Kinder laufen über die Straße, ohne dass sie auf die Autos achten.
   →

6. Ich treibe viel Sport, damit ich gesund bleibe.
   →

7. Wir müssen uns nicht beeilen.
   →

8. Nach dem Essen schläft er immer gleich ein.
   →

9. Ich muss diese Aufgabe lösen.
   →

10. Wir haben uns vorgenommen, dass wir morgens früher aufstehen.
    →

11. Diese Aufgabe kann nicht einfach gelöst werden.
    →

12. Sie ist erleichtert, dass sie ihr Handy wiedergefunden hat.
    →

13. Er spielt mit seinen Freunden Fußball, anstatt dass er seine Hausaufgaben macht.
    →

14. Du musst dich für die kaputte Tasche nicht schämen.
    →

15. Ich trinke gewöhnlich ein Glas Rotwein zum Abendessen.
    →

Übungen | 연습문제　Part 2

Lektion 25　접속법

Aufgabe 1　다음 문장들을 보기와 같이 고치시오.

> Er ist nicht geduldig.
> → Wenn er doch nur geduldiger wäre!

1. Mein Vater kommt heute nicht.
   →

2. Sie ist nicht ledig.
   →

3. Ich hatte kein Geld.
   →

4. Es regnet.
   →

5. Er ist nicht gekommen.
   →

6. Ich kann ihn heute nicht treffen.
   →

7. Ihr kommt zu spät zum Unterricht.
   →

8. Der Zug hatte Verspätung.
   →

Part 2　Übungen | 연습문제

9. Wir müssen am Wochenende arbeiten.

   →

10. Er ist kein bekannter Schauspieler.

    →

Aufgabe 2　다음 문장들을 보기와 같이 고치시오.

> Ich habe kein Geld. Deshalb kann ich mir das Auto nicht leisten.
> → Wenn ich Geld hätte, könnte ich mir das Auto leisten.

1. Ich bin alt. Deshalb laufe ich nicht schnell.

   →

2. Das Wetter ist schlecht. Deshalb machen wir keinen Ausflug.

   →

3. Sie hatte keine Zeit. Deshalb sind wir nicht verreist.

   →

4. Gestern ist sie nicht gekommen. Deshalb hast du sie nicht gesehen.

   →

5. Ich habe keine Flügel. Deshalb kann ich nicht fliegen.

   →

6. Du hast ihn nicht zu deiner Feier eingeladen. Deshalb ist er nicht gekommen.

   →

Übungen | 연습문제 **Part 2**

7. Er ist nicht fleißig. Deshalb hat er schlechte Noten.

   →

8. Wir können nicht schwimmen. Deshalb baden wir nicht im Meer.

   →

9. Sie hatten kein Geld für eine Reise. Deshalb sind sie zuhause geblieben.

   →

10. Ich spreche nicht gut Englisch. Deshalb kann ich dich nicht verstehen.

    →

Aufgabe 3 다음 문장들을 보기와 같이 고치시오.

> Er tut so, als ob er reich wäre.

1. Das Gemälde sieht so aus, (es ist echt).

   →

2. Er benimmt sich so, (er ist betrunken).

   →

3. Sie spricht so, (sie hat etwas im Hals).

   →

4. Der Angeklagte hat so getan, (er wusste gar nichts).

   →

5. Manfred erzählt die Geschichte so, (er ist selbst dabei gewesen).

   →

| Part 2 | **Übungen** | 연습문제 |

6. Ihr seht so aus, (ihr habt die ganze Nacht nicht geschlafen).
   →

7. Unser Nachbar tut immer so, (er hat viel Geld).
   →

8. Ich fühlte mich, (ich habe im Lotto gewonnen).
   →

9. Der Schüler tat so, (er weiß die Antwort nicht).
   →

10. Die Gäste haben sich auf das Buffet gestürzt, (morgen gibt es nichts mehr zu essen).
    →

Aufgabe 4   접속법을 통해 다음 문장을 공손하게 나타내시오.

1. Können Sie mir sagen, wie spät es ist?
   →

2. Wollen Sie noch ein Stück Kuchen?
   →

3. Kommen Sie heute Abend zu mir?
   →

4. Hast du morgen etwas Zeit für mich?
   →

5. Welches Restaurant empfehlen Sie mir?
   →

Übungen | 연습문제 Part 2

Aufgabe 5 다음 문장을 간접화법으로 고치시오.

1. Der Vater sagte : "Ich komme gleich."
→

2. Meine Freunde sagten : "Wir kommen gleich."
→

3. Peter sagte : "Ich bin zu spät aufgestanden."
→

4. Ich sagte : "Ich hatte keine Zeit."
→

5. Meine Freundin hat mich gefragt : "Wo warst du denn gestern?"
→

6. Sie fragt mich : "Wie alt bist du?"
→

7. Meine Mutter fragt mich : "Bist du krank?"
→

8. Der Lehrer hat mich gefragt : "Hast du deine Hausaufgabe gemacht?"
→

9. Der Lehrer sagte zu mir : "Mach deine Übungsaufgaben!"
→

10. Die Mutter sagte zu den Kindern : "Räumt das Zimmer auf!"
→

Part 3. 독해연습
Lesetext

Part 3 Lesetext | 독해연습

문법 및 독해 연습-1

① Die kleine Alexandra war zum erstenmal ② bei einer Hochzeit dabei.
③ Als sie die Braut sah, ④ fragte sie ihre Mutter.
"Warum ist ⑤ das Kleid der Braut weiß?"
"Weiß ist die Farbe des Glücks", erklärte ⑥ ihr die Mama.
"Und heute ist ⑦ für die Braut der glücklichste Tag ihres Lebens."
Alexandra überlegte einen Augenblick. ⑧ Dann wollte sie wissen:
"Und warum trägt der Bräutigam dann schwarz?"

 어휘

zum erstenmal 처음으로
Hochzeit f. 결혼식
Kleid n. 옷
Glück n. 행운, 행복
Leben n. 삶, 생애
Augenblick m. 순간
Bräutigam m. 신랑

dabei sein –에 참석하다
Braut f. 신부
Farbe f. 색깔
erklären 설명하다
überlegen 심사숙고하다, 골똘히 생각하다
tragen 지니다, 걸치다, 운반하다

Lesetext | 독해연습   Part 3

 문법

① **die kleine Alexandra** : 'kleine'에서 '-e'는 정관사와 여성명사 사이에서 형용사 어미 변화한 것.
② **bei einer Hochzeit** : 'bei'는 3격 지배 전치사로서 장소를 의미할 때는 '-옆에', 시간을 의미할 때는 '-할 때', 사람을 지칭하는 명사와 결합할 때에는 '-집에'의 뜻을 가짐.
③ **Als ....** : 종속접속사 als가 문장을 이끌 때에는 '-했을 때'의 의미로 과거의 어느 한 때를 의미하며, 동사는 문장 끝에 위치함.
④ **fragen** : 4격 지배 동사.
⑤ **das Kleid der Braut** : 여성명사 Braut는 앞에 오는 Kleid를 수식하는 2격 형태.
⑥ **ihr die Mama** : ihr는 Alexandra를 지칭하는 인칭대명사 3격 형태. 주어는 die Mama. 항상 대명사는 명사 앞에 위치.
⑦ **für** : 4격 지배 전치사 '-을 위해'.
⑧ **wollte ... wissen** : 화법 조동사 wollen의 과거형.

 해석

꼬마 알렉산드라가 처음으로 결혼식에 참석했다.
그녀는 신부를 보자 엄마에게 다음과 같이 질문했다.
"왜 신부의 옷은 흰색이에요?"
"흰색은 행운의 색이란다. 오늘은 신부에겐 생애 최고로 행복한 날이잖니."
알렉산드라는 잠깐 동안 생각에 잠겼다. 그리고 나서 그녀는 또 질문했다.
"그럼 신랑은 왜 검은색을 입고 있어요?"

Part 3　Lesetext | 독해연습

문법 및 독해 연습-2

① Ein Professor erläutert mit einem Experiment ② die Gefährlichkeit des Alkohols : "Ich lege jetzt diesen Regenwurm ③ in reines Wasser. Sie sehen, er fühlt sich überaus wohl. Und jetzt lege ich ihn ③ in Alkohol."
Der Regenwurm windet sich und verendet.
"Was kann ④ man daraus schließen?" fragt ① der Professor.
Ein Student : "⑤ Dass Alkohol gut gegen Würmer ist."

 어휘

erläutern 설명하다, 밝히다.
Gefährlichkeit f. 위험성
Regenwurm m. 지렁이
überaus 지나치게, 극도로
winden sich 감기다, (몸이) 비틀리다
aus et(3)… schließen : 무엇에서 추론하다.

Experiment n. 실험, 시험
Alkohol m. 알코올
rein 순수한, 깨끗한, 맑은
wohl 편안한, 건강한, 기분 좋은
verenden (동물이) 죽다.
Wurm m. 벌레

Lesetext | 독해연습   Part 3

 문법

① **ein**/ **der Professor** : 문맥상 혹은 대화중에 처음 등장하는 대상은 부정관사와 함께 쓰이고, 그 다음부터는 이미 한번 지칭된 대상이므로 정관사를 사용한다.

② **die Gefährlichkeit des Alkohols** : 명사가 나란히 오고 뒤따르는 것이 2격일 경우에는 앞의 명사를 수식하는 형태이다. des Alkohols는 남성 2격.

③ **in reines Wasser**/ **in Alkohol** : in은 3, 4격 지배전치사. 이 경우 동사가 legen으로 '-을 놓다'라는 움직임을 나타냄으로써 Wasser와 Alkohol 둘 다 4격으로 쓰임. reines에서 -es는 형용사 어미변화.

④ **man** : 일반적인 사람을 나타내는 부정대명사. 3인칭 단수취급. 보통 '**우리는, 사람들은**' 으로 해석함.

⑤ **dass** 종속절이므로 후치. 주어는 Alkohol, 동사는 ist. '**-하는 것**'.

 해석

한 교수가 실험을 통해 알코올의 위험성을 설명했다.
"이제 내가 이 지렁이를 깨끗한 물속에 넣겠습니다.
지렁이가 아주 편안해 하는 게 보일 겁니다.
그럼 이제 내가 지렁이를 알코올 속에 넣어보겠습니다."
지렁이는 이리저리 꿈틀거리다가 죽고 말았다.
"우리는 이 실험 결과 무엇을 알 수 있을까요?" 교수가 질문했다.
한 학생이 말했다 : "알코올이 벌레 잡는 데 좋다는 것입니다."

Part 3 · Lesetext | 독해연습

문법 및 독해 연습-3

Ob ① <u>in der Arbeit</u> oder privat, viele Menschen kommunizieren heute fast täglich per E-Mail. Aber nur ② <u>wenige</u> wissen, dass man auch hier ③ <u>auf einige Regeln achten</u> muss. Was macht man und was macht man nicht?
Allgemein gilt : E-Mails sind nicht ④ <u>so formell wie</u> ein Brief.
⑤ <u>Trotzdem</u> ⑥ <u>gehören</u> Anrede und Gruß in jede E-Mail. Auch in eine Antwort-Mail!
⑦ <u>An Freunde schreibt man</u> ⑧ **Liebe(r)…** oder **Hallo…** Auch an den Chef kann man E-Mails mit **Hallo Herr…** beginnen. Man muss aber im Text ⑨ <u>beim "Sie" bleiben</u>. Am Ende schreibt man **Viele Grüße** oder **Bis später**.

 어휘

Arbeit f. 노동, 일, 직업
kommunizieren 정보를 교환하다, 의사소통을 하다.
per -으로, -에 의해, -마다
Regel f. 규칙
achten 평가하다, 존경하다, (auf et…) …에 주의하다
formell 공식적인, 형식적인
Anrede n. 호칭, (첫)인사
Freund m. 친구
beginnen 시작하다

privat 개인적인, 친밀한, 사적인
E-Mail f. 전자우편
einig 몇몇의
allgemein 일반적인, 보편적인
gelten 가치가 있다. 통용되다
Brief m. 편지
Gruß m. (끝)인사, 안부
Chef m 상사, 고용주
Ende n. 끝

Lesetext | 독해연습   Part 3

 문법

① **in der Arbeit** : 3, 4격 지배전치사 in이 '-하는 중에', '-할 때'처럼 시간적인 의미를 나타낼 경우에는 3격 명사와 결합.
② **wenige** : wenige Menschen '얼마 안 되는 사람들'.
③ **achten auf** + 4격
④ **A so** + 원급 + **wie B** : 'A는 B처럼 그렇게 … 하다.'
⑤ **trotzdem** : 접속사적 부사. 동사 도치. '그럼에도 불구하고'.
⑥ **gehören** : +3격 '-의 소유이다'/ zu et. '-에 속하다'/ in +4격 '-에 들어가다, -에 -이 필요하다'.
⑦ **schreiben an** + 4격 : '-에게 편지를 쓰다'.
⑧ **Liebe(r)…** : 상대방이 여자일 경우에는 Liebe, 남자일 경우에는 Lieber.
　　　예) Liebe Inge, Lieber Peter
⑨ **bleiben bei** : '-를 고수하다, 유지하다, 벗어나지 않다.'

 해석

업무상으로든 사적으로든, 오늘날 많은 사람들이 거의 날마다 이메일로 의사소통을 한다.
하지만 여기에도 몇 가지 규칙에 유념해야 한다는 사실을 아는 사람은 그리 많지 않다.
우리는 무엇을 하고 무엇을 하지 않는가?
보통 이메일은 편지처럼 그렇게 형식적이지 않다. 그럼에도 모든 이메일에 첫인사와
끝인사는 들어가야 한다. 답 메일에도 마찬가지!
우리는 친구들에게는 'Liebe(r)…' 또는 'Hallo…'라고 쓴다. 또한 상사에게는 'Hallo Herr…'로
시작한다. 하지만 내용에서는 'Sie(당신)'라는 호칭을 유지해야 한다.
끝에는 'Viele Grüße' 또는 'Bis später'를 쓴다.

Part 3　Lesetext | 독해연습

문법 및 독해 연습-4

Heute ist Samstag. Da kauft Vater immer ein. Er fährt ① am Vormittag mit dem Auto ② in den Supermarkt und Lena ③ kommt mit. ④ Die beiden haben diesmal ⑤ eine besonders lange Liste von Sachen geschrieben, ⑥ die die Familie braucht. Als alles ⑦ ausgesucht ist und ⑧ im Einkaufswagen liegt, kauft Vater noch Mutters Lieblingskekse. Und Lena bekommt eine Tüte Gummibärchen. An der Kasse bezahlen sie 65,80 Euro. Lena staunt, dass der Einkauf so teuer ist. Danach laden sie alles in den Kofferraum.

'Fehlt noch was?', überlegt Lena, ⑨ während sie die Einkäufe ins Auto packen. Zur Sicherheit vergleicht sie den Einkaufszettel ⑩ mit dem, was sie eingekauft haben. Die Cornflakes sind da, der Reis ist da, die Äpfel und die Butter auch. Während sie prüft, ob etwas fehlt, ⑪ wären ihr fast die Eier hingefallen. Sie kann sie gerade noch festhalten. ⑫ Sonst hätte es jetzt schon Rührei gegeben.

 어휘

Samstag m. 토요일
Vormittag m. 오전
aussuchen 골라내다, 선발하다
Lieblingskeks m./n. 좋아하는 과자, (특히) 비스킷
bekommen 받다, 얻다
Gummibärchen n. 곰 모양의 젤리
einkaufen 구입하다, 장을 보다
brauchen 사용하다, 필요로 하다
Einkaufswagen m. 쇼핑카트
Tüte f. 봉지
Kasse f. 지급창구, 계산대

Lesetext | 독해연습 Part 3

bezahlen 지불하다
Einkauf m. 구입(품)
Kofferraum m. 자동차의 트렁크
überlegen 숙고하다, 고려하다
Sicherheit f. 안심, 안전, 확신
Zettel m. 종이쪽지, 메모
Ei n. 달걀
fast 거의, 대략
Rührei n. 스크램블드 에그

staunen 놀라다, 경탄하다
laden 싣다
fehlen 잘못하다, 없다, 모자라다
packen 짐을 꾸리다, 챙겨 넣다
vergleichen 비교하다
prüfen 시험해 보다, 검사하다
hinfallen 떨어지다, 넘어지다, 무너지다
festhalten 꽉 잡다, 붙들다

 문법

① **am Vormittag** : 3, 4격 지배 전치사 an은 시간을 나타낼 때에는 3격과 결합. 특히 하루 중의 때를 나타낼 경우 an.
　　예) am Morgen, am Mittag, am Abend (예외 in der Nacht)

② **in den Supermarkt** : 동사가 움직임을 나타냄으로 in + 4격.

③ **kommt mit** : mitkommen은 분리 동사이므로 분리전철 mit이 문장 맨 끝에 위치. 상당수의 전치사들이 분리전철로 쓰이기 때문에 전치사인지 분리전철인지 간혹 혼동할 수도 있지만 전치사인 경우에는 명사가 뒤따르는데 비해 분리전철은 독립적으로 문장 끝에 위치함.

④ **die beiden** : '두 사람, 즉 Vater와 Lena'를 지칭. 'die beiden'에서 '-en'은 정관사 형용사 어미변화.

⑤ **eine besonders lange Liste von Sachen** : 'besonders'는 'lang'을 수식하는 부사로서 어미변화를 하지 않으며, 'lange'에서 'e'는 여성 부정관사 형용사 어미변화 4격 형태. 'von-'은 2격 대용형으로 앞에 Liste를 수식.

⑥ **die die Familie braucht** : 첫 번째 'die'는 Sachen을 선행사로 하는 관계대명사 4격. 뒤따르는 die는 Familie의 주격 정관사. 관계문이므로 동사 후치.

Lesetext ● 233

Part 3　Lesetext | 독해연습

⑦ **ausgesucht ist** : 상태수동.
⑧ **im Einkaufswagen** : 동사 'liegen'은 '놓여있다'는 상태를 의미하므로 in +3격.
⑨ **während** : '-하는 동안에', 종속접속사. 동사 후치.
⑩ **mit dem** : 부정관계대명사 was절의 선행사를 나타내는 지시대명사. 3격 지배전치사 mit과 결합하여 지시대명사 중성 3격.
⑪ **wären ihr fast die Eier hingefallen** : ihr는 Lena의 인칭대명사 3격. 복수 1격 die Eier가 주어. fast/ beinahe가 접속법과 함께 쓰일 경우에는 '하마터면 -할 뻔했다'의 의미.
⑫ **es gibt** + 4격 : '-가 존재하다'.

 해석

오늘은 토요일이다. 아빠는 토요일이면 항상 장을 본다. 아빠는 오전에 차를 타고 슈퍼마켓으로 향했고 레나도 함께 갔다. 레나네 식구가 필요한 물건을 적은 목록이 이번엔 특히 길었다. 모든 물건을 다 고르고 쇼핑카트에 실었을 때, 아빠는 엄마가 좋아하는 쿠키를 하나 더 샀다. 그리고 레나는 곰모양 젤리 한 봉지를 얻었다.
계산대에서 두 사람은 65,80 유로를 지불했다. 레나는 물건 값이 너무 비싸서 놀랐다. 그 후 두 사람은 물건들을 모두 트렁크에 실었다.
'뭐 빠진 거 없나?' 아빠와 함께 물건을 차에 싣는 동안 레나는 곰곰이 생각했다.
확실하게 하기 위해 그녀는 필요한 물건을 적은 목록을 이미 산 것들과 비교해 보았다. 콘프레이크는 있고, 쌀도 있고, 사과와 버터도 있다.
레나는 빠진 게 없는지 꼼꼼히 확인하다가 하마터면 달걀을 떨어뜨릴 뻔했다.
하지만 레나는 곧바로 잡을 수 있었다. 그렇지 않았으면 벌써 달걀은 곤죽이 되었을 것이다.

Lesetext | 독해연습　　Part 3

문법 및 독해 연습-5

Moritz ① sieht ② aus dem Fenster. ③ Zwischen vielen Leuten geht da unten ein Mädchen mit Kopftuch. ④ Es ⑤ guckt auf einen Zettel in seiner Hand und auf die Namensschilder ⑥ an den Häusern. Das Mädchen sucht jemanden, ganz klar. Von einem Haus ⑦ zum anderen geht es. Dann kommt es zurück.
'Eine Ausländerin', denkt Moritz, 'wahrscheinlich kommt sie aus Türkei'.
Moritz und seine Eltern waren ⑧ im letzten Urlaub dort. Die Menschen waren freundlich zu den Ausländern und die Ausländer waren Moritz und seine Eltern. Eben zeigt das Mädchen einem Mann seinen Zettel. ⑨ Der ⑩ zuckt nur mit den Schultern und ⑪ lässt das Mädchen einfach stehen. Das Mädchen unten sucht weiter. 'Ich ⑫ helfe ihm', denkt Moritz. Er läuft aus dem Haus und zu dem Mädchen. "Hallo", sagt er, "wen suchst du?" Es antwortet nicht, ⑬ dafür zeigt es Moritz den Zettel. "A. Yüksel", liest er, "Karlstraße." Sonst nichts. Moritz deutet die Straße hinunter. Dazu lächelt er das Mädchen an und es lächelt zurück. Dann gehen sie zur Karlstraße. Den A. Yüksel oder die A. Yüksel ⑭ werden sie gemeinsam besimmt finden.

어휘

Kopftuch n. 두건
Namensschild n. 문패, 명찰
Ausländerin f. 외국인
Türkei f. 터키

gucken 들여다 보다, 살피다
zurückkommen (되)돌아오다
wahrscheinlich 아마, 다분히
Urlaub m. 휴가

Part 3 Lesetext | 독해연습

freundlich 친절한, 상냥한, 호의적인
zeigen 보여주다, 가리켜 주다
suchen 찾다, 뒤지다, 구하다
anlächeln 누구에게 미소 짓다
besimmt 정해진, 확실히

eben 바로, 막, 때마침
laufen (뛰어)가다
deuten 가리키다, 지시하다
gemeinsam 공동의, 공통의
finden 발견하다, 찾아내다

문법

① **sieht** : 'sehen' 동사의 3인칭 단수 형태.
② **aus dem Fenster** : '창밖으로 (내다 보다)'. 3격 지배전치사 aus.
③ **zwischen vielen Leuten** : 3격 지배전치사 zwischen. 'vielen'에서 '-en'은 형용사 복수 3격 어미. Leuten은 복수명사 Leute의 3격에 n.
④ **es** : das Mädchen의 인칭 대명사 1격. 해석은 '그녀'.
⑤ **gucken auf** : gucken auf + 4격 '-을 들여다 보다'.
⑥ **an den Häusern** : an + Haus의 복수 3격.
⑦ **zum anderen** : Haus 생략. anderen은 정관사 형용사 어미변화.
⑧ **im letzten Urlaub** : '지난 휴가철에', im= in dem, letzten은 정관사 형용사 어미변화.
⑨ **der** : 바로 앞 문장의 Mann을 지칭하는 지시대명사 남성 1격.
⑩ **zucken mit den Schultern** : '(관심없거나 모르다는 표시로) 어깨를 으쓱하다'
⑪ **lassen** : 사역 동사. 동사 원형과 결합. '-하게끔 하다'. 본동사로 쓰일 경우에는 '그만 두다, 중지하다'.
⑫ **helfen** + 3격 : ihm은 das Mädchen의 인칭 대명사 3격.
⑬ **dafür** : '그 대신에', '그것을 위하여', '그것에 찬성하여'.
　　　　　㉠ Ich bin dafür. (나는 찬성이다) ↔ Ich bin dagegen. (나는 반대다.)
⑭ **werden … finden** : 미래 조동사 werden + 동사 원형.

Lesetext | 독해연습   **Part 3**

 해석

모리츠는 창밖을 내다보았다. 아래쪽에는 많은 사람들 사이로 두건을 쓴 한 소녀가 걸어가고 있었다. 그녀는 손에 든 종이쪽지와 집집마다 문패를 번갈아 쳐다보고 있었다. 소녀는 누군가를 찾고 있는 것이 분명했다. 그녀는 이 집에서 또 다른 집으로 향해 가다가 다시 되돌아 왔다.
'외국인이군', 모리츠는 생각했다. '아마도 터키에서 온 모양이야.'
모리츠와 부모님은 지난 휴가철에 그곳에 갔었다. 사람들은 외국인들에게 친절했고 (당시 그곳에서) 외국인은 모리츠와 그의 부모님이었다. 그때 막 그 소녀는 한 남자에게 쪽지를 보여주었다. 남자는 어깨를 으쓱거리더니 소녀를 그대로 세워둔 체 그냥 가버렸다. 그 소녀는 계속해서 찾았다.
'내가 도와야겠군.' 모리츠는 생각했다. 그는 집에서 뛰어나가 소녀에게 향했다.
"안녕" 모리츠는 말했다. "누구를 찾고 있니?" 소녀는 대답을 않고 대신에 모리츠에게 쪽지를 보여주었다. "A. 윅젤" 모리츠는 쪽지에 적힌 것을 읽었다. "칼 슈트라쎄" 그밖에는 아무것도 없었다. 모리츠는 거리 아래쪽을 가리켜보였다. 그러면서 소녀에게 미소를 지었다. 소녀도 미소를 지어보였다. 그러고 나서 그들은 칼 슈트라쎄로 향했다. A. 윅젤이란 사람이 남자든, 여자든, 그들은 분명 함께 찾아낼 것이다.

Part 3 Lesetext | 독해연습

문법 및 독해 연습-6

Neulich ging ich mit einigen Freunden ① zu Mittag essen. Als wir im Restaurant ② ankamen, erklärte ich dem Kellner, dass ich einen Tisch ③ für fünf Personen ④ bestellt hatte. Er führte uns zu einem schönen Tisch ⑤ in der Ecke. Dann ⑥ brachte der Kellner die Speisekarten. Wir bestellten sofort Bier, ⑦ zwei große, drei kleine. Die drei Menüs auf der Tageskarte ⑧ gefielen uns nicht, und wir bestellten schließlich vier verschiedene Hauptgerichte. Der Kellner fragte, ⑨ ob wir ein Dessert wünschten. Wir hatten ⑩ zwar genug gegessen, wollten aber das Vanilleeis und die Erdbeeren ⑪ mit Schlagsahne probieren. Wir verlangten die Rechnung. Wir ⑫ wussten, dass die Bedienung im Preis inbegriffen war. Aber wir ⑬ gaben noch ein kleines Trinkgeld dazu, ⑭ weil die Bedienung freundlich war.

 어휘

neulich 요즈음, 최근에
Person f. 사람, 개인
Tageskarte f. 그날의 메뉴, 당일 이용권
Hauptgericht n. 주 요리, 메인 메뉴
Schlagsahne f. 생크림
verlangen 요구하다, 청구하다
inbegriffen -을 포함하여

Kellner m. 웨이터
Speisekarte f. 식단, 메뉴
verschieden 서로 다른, 다양한
Erdbeere f. 딸기
probieren 시험 삼아 해보다, 맛보다
Bedienung f. 서비스
Trinkgeld n. 팁, 봉사료

Lesetext | 독해연습 Part 3

문법

① **zu Mittag essen** : 점심 먹다.
② **ankam** : ankommen의 과거형.
③ **für fünf Personen** : '5인용'.
④ **bestellt hatte** : 과거완료. bestellen은 비분리 동사이므로 분사형에 ge-가 붙지 않음.
⑤ **in der Ecke** : 이 경우 동사와 상관없이 Tisch를 수식하여 '구석에 있는 테이블'이라는 의미로 in + 3격.
⑥ **brachte** : bringen의 과거형.
⑦ **zwei große, drei kleine** : 뒤에 Bier의 복수형 생략. 따라서 형용사 어미변화가 '-e'.
⑧ **gefielen uns** : gefallen의 과거형. gefallen +3격 '-의 마음에 들다'.
⑨ **ob** : 종속 접속사. 동사 후치. '-인지 아닌지'.
⑩ **zwar … aber** : '-이긴 하지만'.
⑪ **mit Schlagsahne** : '생크림을 얹은'.
⑫ **wussten** : wissen의 과거형.
⑬ **gaben** : geben의 과거형.
⑭ **weil** : 종속접속사 '- 때문에', 동사 후치.

해석

얼마 전에 나는 몇몇 친구들과 함께 점심을 먹으러 갔다.
우리가 레스토랑에 도착했을 때, 나는 웨이터에게 5인용 테이블을 예약해 두었다고 말했다. 그는 우리를 구석에 있는 좋은 자리로 안내해 주었다. 그리고 나서 웨이터는 메뉴판을 가지고 왔다. 우리는 즉시 맥주를 큰 것 두 개, 작은 것 세 개로 주문했다.
오늘의 메뉴에 적혀있는 세 가지 요리는 마음에 들지 않았고, 결국 우리는 서로 다른 메인 요리 네 개를 주문했다. 웨이터는 디저트를 먹겠는지 물었다.
우리는 배불리 먹긴 했지만 바닐라 아이스크림하고 생크림 얹은 딸기를 맛보기로 했다.
우리는 계산서를 요구했고 봉사료가 가격에 포함되어 있다는 것을 알고 있었지만 서비스가 친절했기 때문에 얼마간의 팁을 더 주었다.

Part 3　**Lesetext** | 독해연습

문법 및 독해 연습-7

Die Farben auf Deutschlands Straßen verändern sich. Den Anfang macht die Polizei. 30 Jahre lang haben Polizisten in ganz Deutschland die gleiche Kleidung getragen : eine grüne Hose und Jacke, dazu ein beigefarbenes Hemd. Aber ① in Zukunft gehen ② immer mehr Polizisten ③ in Blau. Jetzt trägt auch die Bundespolizei blau, wie die meisten europäischen Polizisten.

④ Nicht nur die Polizei, auch die Taxis verändern ihr Aussehen. Seit 1970 sind Taxis in Deutschland hell-elfenbein, vorher mussten sie schwarz sein.

Aber in Zukunft könnte das ganz anders werden, wenn weitere Bundes-ländern ⑤ dem Land Baden-Wüttemberg folgen. Dort ⑥ dürfen Taxifirmen die Farbe ⑦ ihrer Autos jetzt frei wählen. Ob rot, grün oder gelb - viele Firmen hoffen, dass sie andersfarbige Taxis ⑧ leichter verkaufen können, wenn sie die Autos nicht mehr brauchen.

 어휘

Farbe f. 색깔, 빛깔	verändern 바꾸다, 변화시키다
Anfang m. 처음, 발단, 초기	Polizei f. 경찰(서)
Polizist m. 경찰관	Kleidung f. 옷, 복장
Hose f. 바지	beigefarben 베이지색의
Hemd n. 셔츠	Zukunft f. 미래, 장래
Bundespolizei f. 연방 경찰	meist 대부분(의)
europäisch 유럽(사람)의	Aussehen n. 외모, 외관

Lesetext | 독해연습　Part 3

hell-elfenbein 밝은 상아색(크림색)
wählen 고르다, 선택하다
verkaufen 팔다

Bundesland n. (독일) 연방주
andersfarbig 다른 색깔의

문법

① **in (der) Zukunft** : '장차, 장래'.
② **immer mehr** : immer + 비교급 '점점 더 ~하다'.
③ **in Blau gehen** : '푸른색 제복을 입다'.
④ **nicht nur … (sondern) auch** : '~뿐 아니라 ~도 역시'.
⑤ **folgen + 3격** '~뒤를 따르다'.
⑥ **dürfen … wählen** : 화법조동사 + 동사원형, '선택해도 된다'.
⑦ **ihrer Autos** : Taxifirmen을 수식하는 2격. ihrer에서 ihr는 Taxifirmen의 소유관사. -er는 소유관사 어미변화.
⑧ **leichter** : als를 통한 비교 대상 없이 비교급이 혼자 쓰일 경우 절대비교, '비교적 ~하다'.

해석

독일의 거리 색깔이 달라지고 있다. 그 시작은 경찰이다. 30년간 독일의 모든 경찰관들은 똑같은 제복을 착용해왔다. 초록색 바지와 재킷, 거기다 베이지색 셔츠. 하지만 앞으로는 점점 더 많은 경찰관들이 푸른색 제복을 입게 될 것이다. 지금 연방경찰도 대부분의 유럽 경찰관들처럼 푸른색을 입는다.

경찰 뿐 아니라 택시들도 모습을 바꾼다. 이전에 독일의 택시들은 검은색이어야 했지만 1970년부터는 크림색이다. 하지만 앞으로 다른 연방주들이 바덴-뷔템베르크의 경우를 따른다면 완전히 달라질 수도 있다. 바덴-뷔템베르크의 택시회사들은 택시 색깔을 마음대로 선택해도 된다. 붉은색이든 초록색이든 혹은 노란색이든 - 많은 회사들이 택시가 더 이상 필요하지 않을 때, 다양한 색깔로 인해 보다 쉽게 팔 수 있기를 바란다.

Part 3 Lesetext | 독해연습

문법 및 독해 연습-8

Verstorbene müssen in Deutschland auf Friedhöfen ① beerdigt werden. Nur zwei Alternativen sind erlaubt die Seebestattung und die Friedwälder, ② die es in Deutschland ③ seit wenigen Jahren gibt. Dort können ④ sich Menschen unter einem Baum ⑤ in der freien Natur begraben lassen. Die 13 Friedwälder in Deutschland sind ein Beispiel ⑥ dafür, dass sich die Bestattungskultur ändert. Die Deutschen wollen ⑦ immer häufiger selbst entscheiden, ⑧ wie sie ⑨ bestattet werden. Auf den Friedhöfen ⑩ galten lange Zeit strenge Regeln - für die Größe der Grabsteine genauso wie für die Schrift ⑪ darauf. Viele ⑫ der heute rund 32,000 deutschen Friedhöfe, die von Städten, Gemeinden und Kirchen verwaltet werden, lockern die Regeln nun.

 어휘

Verstorbene der/die 고인
beerdigen 매장하다, 장례를 치르다
erlaubt 허락된, 정당한
Friedwald m. 공원묘지
Natur f. 자연
Beispiel n. (본)보기, 예
ändern 바꾸다, 고치다
bestatten 매장하다, 묻다
Größe f. 크기
Schrift f. 묘비명
verwalten 관리, 지배, 경영하다

Friedhof m. (공동)묘지
Alternative f. 양자택일, 대안
Seebestattung f. 수장
Baum m. 나무, 수목
begraben 매장하다, 파묻다
Bestattungskultur f. 장례문화
entscheiden 결정하다
streng 엄격한, 단호한, 정확한
Grabstein m. 묘비석
Gemeinde f. 시(읍, 면)
lockern 늦추다, 느슨하게 하다

Lesetext | 독해연습　　Part 3

 문법

① **beerdigt werden** : werden + p.p 수동형, müssen으로 인해 werden이 원형으로 후치.
② **die** : die Seebestattung und die Friedwälder 혹은 die Friedwälder를 선행사로 하는 (문맥상 die Friedwälder) 관계대명사 복수 4격. es gibt +4격.
③ **seit wenigen Jahren** : '몇 년 전부터', seit는 3격 지배전치사.
④ **sich Menschen** : 재귀대명사의 위치는 명사 앞, 대명사 뒤.
⑤ **in der freien Natur** : '야외에'.
⑥ **dafür** : dass 이하에 대한.
⑦ **immer häufiger** : häufiger und häufiger, '점점 더 자주'.
⑧ **wie** : 간접의문문, 동사 후치.
⑨ **bestattet werden** : 수동문.
⑩ **galten** : gelten의 과거형.
⑪ **darauf** : '그 위에', auf + 사물 (Grabsteine).
⑫ **der** : 복수 명사 Friedhöfe의 2격으로 viele를 수식.

 해석

독일에서 사망한 사람들은 공동묘지에 매장되어야 한다. 달리 할 수 있는 대안은 두 가지 뿐이다. 수장(水葬)과 독일에서 몇 년 전부터 시행되는 숲 속 공원묘지가 그것이다. 그곳에서 사람들은 야외의 나무 밑에 묻힐 수 있다. 독일 내에 있는 13개 숲 속 공원묘지는 장례 문화가 바뀌고 있다는 증거이다. 독일인들은 점차 자신들이 어떻게 매장될지를 스스로 결정하려고 한다. 오랫동안 공동묘지에는 비석의 크기와 비문과 같은 것에 엄격한 규정들이 적용되어왔다. 오늘날 도시와 지역자치 단체 그리고 교회들에 의해 관리되고 있는 32,000 여개의 독일 공동묘지들 가운데 다수가 이제 완화된 규정을 따르고 있다.

Part 3 Lesetext | 독해연습

문법 및 독해 연습-9

① Über ein Jahr nahm sich der König eine andere Gemahlin. Es war eine schöne Frau, aber sie war stolz und übermütig. Sie hatte einen wunderbaren Spiegel, wenn sie ② vor den trat und sich darin beschaute, sprach sie

"Spieglein, Spieglein an der Wand,
wer ist ③ die Schönste im ganzen Land?"

so antwortete der Spiegel

"Frau Königin, ④ Ihr seid die Schönste im Land."

Da war sie zufrieden, denn sie wusste, dass der Spiegel die Wahrheit sagte. Schneewittchen aber ⑤ wuchs heran und wurde immer schöner, und als ⑥ es sieben Jahre alt war, war es so schön wie der klare Tag, und ⑦ schöner als die Königin selbst. Als diese einmal ⑧ ihren Spiegel fragte

"Spieglein, Spieglein an der Wand,
wer ist die Schönste im ganzen Land?"

so antwortete er

"Frau Königin, Ihr seid die Schönste hier,
aber Schneewittchen ist tausendmal schöner als Ihr."

Da ⑨ erschrak die Königin und wurde gelb und grün ⑩ vor Neid.

Lesetext | 독해연습 **Part 3**

 어휘

Gemahlin f. 부인
übermütig 오만한
beschauen 주시하다
Wahrheit f. 진실, 사실
gelb 노란색의
Neid m. 질투, 시기

stolz 자부심이 강한, 거만한
Spiegel m. 거울
zufrieden 만족한
tausendmal 천 번, 훨씬
grün 초록색의

 문법

① **über ein Jahr** : '1년 지나'. 3, 4격 지배전치사 über는 '-이상의'라는 의미일 경우 4격.
② **vor den** : Spiegel을 지칭하는 지시대명사 남성 4격. 동사 treten에 따라 vor + 4격.
③ **die Schönste** : '가장 아름다운 여자', 최상급 형용사의 명사화.
④ **Ihr** : [고어] '당신'.
⑤ **wuchs heran** : heranwachsen의 과거형. '성장하다, 어른이 되다'.
⑥ **es** : Schneewittchen을 지칭하는 인칭대명사. -chen과 -lein으로 끝나는 명사들은 축소명사들로 항상 중성.
⑦ **schöner als** : 형용사 비교급 + als, '-보다 더 -하다'.
⑧ **ihren Spiegel fragte** : fragen + 4격.
⑨ **erschrak** : erschrecken의 과거형.
⑩ **vor Neid** : '질투심에'.

Part 3 Lesetext | 독해연습

 해석

일년이 지나자 왕은 새로운 부인을 맞아들였다. 그녀는 아름다웠지만 오만하고 불손하기 짝이 없었다. 신비한 거울을 가지고 있었던 그녀는 거울 앞에 서서 이렇게 말했다.
"벽에 걸려있는 거울아, 거울아
이 세상에서 누가 제일 아름답지?"
그러자 거울이 대답했다.
"여왕님, 당신이 세상에서 제일 아름답습니다."
그러자 그녀는 만족해했다. 왜냐하면 거울은 진실만을 말한다는 사실을 알고 있었기 때문이다. 그러나 백설공주는 자랄수록 더욱 아름다워졌고, 일곱 살이 되자 눈부시게 아름다워져서 여왕을 능가할 정도가 되었다. 어느 날 여왕이 거울에게 물었다.
"벽에 걸려있는 거울아, 거울아
이 세상에서 누가 제일 아름답지?"
그러자 거울이 대답했다.
"여왕님, 이곳에서는 당신이 가장 아름답습니다.
하지만 백설공주는 당신보다 천배는 더 아름답습니다."
깜짝 놀란 여왕은 질투심에 얼굴이 하얗게 질렸다.

Lesetext | 독해연습   Part 3

문법 및 독해 연습-10

Als sie mitten in den Wald gekommen ① waren, ② sprach der Vater :
"Nun ③ sammelt Holz, ihr Kinder, ich will ein Feuer anmachen, ④ damit ihr nicht friert."
Hänsel und Gretel trugen Reisig zusammen, einen kleinen Berg hoch. Das Reisig ⑤ wurde angezündet, und als die Flamme recht hoch ⑥ brannte, sagte die Frau : "Nun ⑦ legt euch ans Feuer, ihr Kinder, und ⑧ ruht euch aus, wir gehen in den Wald und hauen Holz. Wenn wir fertig sind, kommen wir wieder und holen ⑨ euch ab."
Hänsel und Gretel ⑩ saßen um das Feuer, und als der Mittag kam, ⑪ aß ⑫ jedes sein Stücklein Brot. Und weil sie die Schläge der Holzaxt hörten, so glaubten sie, ihr Vater wär' in der Nähe. Es war aber nicht die Holzaxt, es war ein Ast, ⑬ den er ⑭ an einen dürren Baum gebunden hatte und den der Wind hin und her schlug. Und als sie so lange gesessen hatten, ⑮ fielen ihnen die Augen vor Müdigkeit zu, und sie schliefen fest ein.

 어휘

Wald m. 숲
Holz n. 목재, 장작
anmachen (불을) 피우다, 스위치를 켜다
Reisig n. 마른 나뭇가지, 잔가지, 덤불
anzünden 점화하다
ausruhen 쉬게 하다
abholen 가져오다, 데려오다
Holzaxt f. 장작 패는 도끼
Ast m. 큰 가지
Müdigkeit f. 피로, 권태, 지침

sammeln 모으다, 수집하다
Feuer n. 불
frieren 춥다, 시리다, 얼다
zusammentragen 가져와 모으다, 수집하다
Flamme f. 불꽃, 화염
hauen (나무를) 베다, (장작을) 패다
Schlag m. 치기, 치는 소리
Nähe f. 가까운 곳, 인근
dürr 건조한, 마른, 앙상한

Part 3　Lesetext | 독해연습

 문법

① **waren** : sein 동사의 과거형.
② **sprach** : sprechen의 과거형.
③ **sammelt** : ihr에 대한 명령형.
④ **damit** : '-하기 위하여'. 종속접속사, 동사 후치.
⑤ **wurde angezündet** : 수동 과거.
⑥ **brannte** : brennen의 과거형.
⑦ **legt euch** : ihr에 대한 명령형. euch는 재귀대명사 4격. legen sich '눕다'.
⑧ **ruht euch aus** : 명령형. euch는 재귀대명사 4격. ausruhen sich '쉬다'.
⑨ **euch** : 인칭 대명사 ihr의 4격.
⑩ **saßen** : sitzen의 과거형 saß. 주어가 복수기 때문에 saßen.
⑪ **aß** : essen의 과거형.
⑫ **jedes (Kind)** : '각각의 아이는', 정관사 어미변화.
⑬ **den** : Ast를 선행사로 한 관계대명사 4격.
⑭ **an einen … Baum gebunden** : '나무에 묶어 놓은'.
⑮ **fielen ihnen die Augen vor Müdigkeit zu** : '피로한 나머지 그들의 눈이 저절로 감겼다.'

 해석

그들이 숲 한 가운데 이르렀을 때, 아버지가 말했다.
"얘들아, 이제 너희들은 땔감을 모아오너라. 나는 너희들이 춥지 않도록 불을 피울 테니."
헨젤과 그레텔은 마른 나뭇가지들을 모아 한 더미 가량 쌓았다. 불이 활활 타오르자 아내가 말했다. "얘들아, 이제 너희들은 불가에 누워서 좀 쉬렴. 우리는 숲으로 더 들어가서 나무를 베어올 테니. 일이 다 끝나면 다시 와서 너희들을 데려가마."
헨젤과 그레텔은 불 주위에 앉았다. 정오가 되자 아이들은 작은 빵을 한 조각씩 먹었다. 장작을 패는 도끼 소리가 들렸기 때문에 아이들은 아버지가 근처에 있을 거라 생각했다. 하지만 그것은 도끼 소리가 아니라 아이들의 아버지가 앙상한 나무에 메달아 놓아 바람에 이리저리 부딪히는 나무토막 소리였다. 한참을 앉아 있던 아이들은 피로한 나머지 저절로 눈이 감겼다. 그리고는 깊이 잠이 들고 말았다.

강변화 및 불규칙 동사 변화표

* 알파벳 순

Infinitiv (부정형)	Präsens(3인칭 단수)	Präteritum(과거)		Perfekt (과거분사)
backen (빵을) 굽다	backt(bäckt)	backte(buk)		gebacken
befehlen 명령하다	befiehlt	befahl		befohlen
befleißen 노력하다	befleißt	befliss		beflissen
beginnen 시작하다	beginnt	begann		begonnen
beißen 물다	beißt	biss		gebissen
bergen 숨기다	birgt	barg		geborgen
bersten 파열하다	birst	barst	ist	geborsten
bewegen 움직이다	bewegt	bewog		bewogen
biegen 구부리다	biegt	bog		gebogen
bieten 제공하다	bietet	bot		geboten
binden 묶다	bindet	band		gebunden
bitten 부탁하다	bittet	bat		gebeten
blasen 불다	bläst	blies		geblasen
bleiben 머무르다	bleibt	blieb	ist	geblieben
braten (고기를) 굽다	brät	briet		gebraten
brechen 깨다	bricht	brach	hat/ist	gebrochen
brennen 불타다	brennt	brannte		gebrannt
bringen 가져오다	bringt	brachte		gebracht
denken 생각하다	denkt	dachte		gedacht
dringen 밀고 나가다	dringt	drang	hat/ist	gedrungen
dürfen …해도 좋다	darf	durfte		gedurft
empfangen 받다, 맞이하다	empfängt	empfing		empfangen
empfehlen 추천하다	empfiehlt	empfahl		empfohlen
empfinden 느끼다	empfindet	empfand		empfunden
erlöschen (불이) 꺼지다	erlischt	erlosch	ist	erloschen
erschrecken …에 깜짝 놀라다	erschrickt	erschrak	ist	erschrocken
erwägen 숙고하다	erwägt	erwog		erwogen
essen 먹다	isst	aß		gegessen
fahren 향하다, 운전하다	fährt	fuhr	hat/ist	gefahren
fallen 떨어지다	fällt	fiel	ist	gefallen
fangen (붙)잡다	fängt	fing		gefangen
finden 발견하다	findet	fand		gefunden

Liste starker Verben

강변화 및 불규칙 동사 변화표

Infinitiv (부정형)	Präsens(3인칭 단수)	Präteritum(과거)		Perfekt (과거분사)
fliegen 날다	fliegt	flog	hat/ist	geflogen
fliehen 달아나다	flieht	floh	hat/ist	geflohen
fließen 흐르다	fließt	floss	ist	geflossen
fressen (짐승이) 먹다	frisst	fraß		gefressen
frieren 얼다	friert	fror	hat/ist	gefroren
gebären 낳다	gebiert	gebar		geboren
geben 주다	gibt	gab		gegeben
gedeihen 번창하다	gedeiht	gedieh	ist	gediehen
gehen 가다	geht	ging	ist	gegangen
gelingen 성공하다	gelingt	gelang	ist	gelungen
gelten 통용되다	gilt	galt		gegolten
genesen 회복하다	genest	genas	ist	genesen
genießen 즐기다	genießt	genoss		genossen
geraten 빠져들다	gerät	geriet	ist	geraten
geschehen (일이) 일어나다	geschieht	geschah	ist	geschehen
gewinnen 얻다	gewinnt	gewann		gewonnen
gießen (물을) 붓다	gießt	goss		gegossen
gleichen 같다	gleicht	glich		geglichen
gleiten 미끄러지다	gleitet	glitt	ist	geglitten
graben 파다	gräbt	grub		gegraben
greifen 잡다, 쥐다	greift	griff		gegriffen
haben 가지고 있다	hat	hatte		gehabt
halten 유지하다	hält	hielt		gehalten
hängen 걸려있다	hängt	hing		gehangen
heben 올리다	hebt	hob		gehoben
heißen …라 불리다	heißt	hieß		geheißen
helfen 돕다	hilft	half		geholfen
kennen 알다	kennt	kannte		gekannt
klingen (소리가) 울리다	klingt	klang		geklungen
kneifen 꼬집다, 피하다	kneift	kniff		gekniffen
kommen 오다	kommt	kam	ist	gekommen
können …할 수 있다	kann	konnte		gekonnt

강변화 및 불규칙 동사 변화표

Infinitiv (부정형)	Präsens(3인칭 단수)	Präteritum(과거)		Perfekt (과거분사)
kriechen 기다	kriecht	kroch	ist	gekrochen
laden (짐을) 싣다	lädt	lud		geladen
lassen …하게 하다	lässt	ließ		gelassen
laufen 달리다	läuft	lief	ist	gelaufen
leiden 시달리다	leidet	litt		gelitten
leihen 빌려주다	leiht	lieh		geliehen
lesen 읽다	liest	las		gelesen
liegen 놓여 있다	liegt	lag		gelegen
lügen 거짓말하다	lügt	log		gelogen
mahlen 빻다	mahlt	mahlte		gemahlen
meiden 피하다	meidet	mied		gemieden
messen 재다	misst	maß		gemessen
mögen 좋아하다	mag	mochte		gemocht
müssen …해야 한다	muss	musste		gemusst
nehmen 잡다, 받다	nimmt	nahm		genommen
nennen 명명하다	nennt	nannte		genannt
pfeifen 휘파람을 불다	pfeift	pfiff		gepfiffen
preisen 칭찬하다	preist	pries		gepriesen
quellen (물이) 솟다	quillt	quoll	ist	gequollen
raten 조언하다	rät	riet		geraten
reiben 문지르다	reibt	rieb		gerieben
reißen 찢다	reißt	riss		gerissen
reiten 말타다	reitet	ritt	hat/ist	geritten
rennen 달리다	rennt	rannte	ist	gerannt
riechen 냄새나다	riecht	roch		gerochen
ringen 격투하다	ringt	rang		gerungen
rinnen 흐르다	rinnt	rann	ist	geronnen
rufen 부르다	ruft	rief		gerufen

Liste starker Verben

강변화 및 불규칙 동사 변화표

Infinitiv (부정형)	Präsens(3인칭 단수)	Präteritum(과거)		Perfekt (과거분사)
saufen (짐승이) 마시다	säuft	soff		gesoffen
schaffen 창조하다	schafft	schuf		geschaffen
scheiden 나누다, 가르다	scheidet	schied	hat/ist	geschieden
scheinen 빛나다	scheint	schien		geschienen
scheißen 똥누다	scheißt	schiss		geschissen
schelten 꾸짖다	schilt	schalt		gescholten
scheren (가위로) 자르다	schert	schor		geschoren
schieben 밀다	schiebt	schob		geschoben
schießen 쏘다	schießt	schoss	hat/ist	geschossen
schinden 괴롭히다	schindet	schindete(schund)		geschunden
schlafen 자다	schläft	schlief		geschlafen
schlagen 치다	schlägt	schlug	hat/ist	geschlagen
schleichen 살금살금 가다	schleicht	schlich	ist	geschlichen
schleifen 갈다, 연마하다	schleift	schliff		geschliffen
schließen 닫다	schließt	schloss		geschlossen
schlingen 휘감다	schlingt	schlang		geschlungen
schmeißen 내던지다	schmeißt	schmiss		geschmissen
schmelzen 녹다	schmilzt	schmolz	ist	geschmolzen
schneiden 자르다	schneidet	schnitt		geschnitten
schreiben (글을) 쓰다	schreibt	schrieb		geschrieben
schreien 외치다	schreit	schrie		geschrien
schreiten 걷다	schreitet	schritt	ist	geschritten
schweigen 침묵하다	schweigt	schwieg		geschwiegen
schwellen 부풀다	schwillt	schwoll	ist	geschwollen
schwimmen 헤엄치다	schwimmt	schwamm	hat/ist	geschwommen
schwingen (뒤)흔들다	schwingt	schwang	hat/ist	geschwungen
schwören 맹세하다	schwört	schwor		geschworen
sehen 보다	sieht	sah		gesehen
sein 있다, …이다	ist	war		st gewesen
singen 노래하다	singt	sang		gesungen
sinken 가라앉다	sinkt	sank	ist	gesunken
sinnen 숙고하다	sinnt	sann		gesonnen
sitzen 앉아있다	sitzt	saß		gesessen
spalten 쪼개다	spaltet	spaltete		gespalten
speien 침뱉다	speit	spie		gespien

강변화 및 불규칙 동사 변화표

Infinitiv (부정형)	Präsens(3인칭 단수)	Präteritum(과거)		Perfekt (과거분사)
spinnen (실을) 잣다	spinnt	spann		gesponnen
spleißen 엮어서 묶다	spleißt	spliss		gesplissen
sprechen 말하다	spricht	sprach		gesprochen
sprießen 싹틔다	sprießt	spross	ist	gesprossen
springen 뛰어오르다	springt	sprang	ist	gesprungen
stechen 찌르다	sticht	stach		gestochen
stehen 서있다	steht	stand		gestanden
stehlen 훔치다	stiehlt	stahl		gestohlen
steigen 오르다	steigt	stieg	ist	gestiegen
sterben 죽다	stirbt	starb	ist	gestorben
stieben 흩날리다	stiebt	stob	hat/ist	gestoben
stinken 악취가 나다	stinkt	stank		gestunken
stoßen 마주치다, 밀다	stößt	stieß	hat/ist	gestoßen
streichen 쓰다듬다	streicht	strich	hat/ist	gestrichen
streiten 다투다	streitet	stritt		gestritten
tragen 나르다	trägt	trug		getragen
treffen 맞추다	trifft	traf		getroffen
treiben 쫓다	treibt	trieb	hat/ist	getrieben
treten 밟다	tritt	trat	ist	getreten
trinken 마시다	trinkt	trank		getrunken
trügen 속이다	trügt	trog		getrogen
tun 하다	tut	tat		getan
verderben 부패하다	verdirbt	verdarb	hat/ist	verdorben
verdrießen 불쾌하게 하다	verdrießt	verdross		verdrossen
vergessen 잊다	vergisst	vergaß		vergessen
verlieren 잃다	verliert	verlor		verloren
verschleißen 닳게 하다	verschleißt	verschliss		verschlissen
verschwinden 사라지다	verschwindet	verschwand	ist	verschwunden
verzeihen 용서하다	verzeiht	verzieh		verziehen
wachsen 자라다	wächst	wuchs	ist	gewachsen
waschen 씻다	wäscht	wusch		gewaschen
weichen 물러나다	weicht	wich	ist	gewichen

Liste starker Verben

강변화 및 불규칙 동사 변화표

Infinitiv (부정형)	Präsens(3인칭 단수)	Präteritum(과거)		Perfekt (과거분사)
weisen 가리키다	weist	wies		gewiesen
werben 구하다	wirbt	warb		geworben
werden 되다	wird	wurde	ist	geworden
werfen 던지다	wirft	warf		geworfen
wiegen 무게가 … 이다	wiegt	wog		gewogen
winden (휘)감다	windet	wand		gewunden
wissen 알다	weiß	wusste		gewusst
wringen (세탁물을) 짜다	wringt	wrang		gewrungen
ziehen 끌다, 이동하다	zieht	zog		gezogen
zwingen 강요하다	zwingt	zwang		gezwungen

중요한 불규칙 동사 변화

* 어간 모음 변화에 따른 분류

Infinitiv	Präteritum	Perfekt
	a	a
denken	dachte	gedacht
haben	hatte	gehabt
kennen	kannte	gekannt
nennen	nannte	genannt
rennen	rannte	gerannt
stehen	stand	gestanden
tun	tat	getan
	a	e
bitten	bat	gebeten
essen	aß	gegessen
fressen	fraß	gefressen
geben	gab	gegeben
geschehen	geschah	geschehen
lesen	las	gelesen
liegen	lag	gelegen
messen	maß	gemessen
sehen	sah	gesehen
sein	war	gewesen
sitzen	saß	gesessen
treten	trat	getreten
vergessen	vergaß	vergessen
	a	o
befehlen	befahl	befohlen
beginnen	begann	begonnen
brechen	brach	gebrochen
empfehlen	empfahl	empfohlen
erschrecken	erschrak	erschrocken

Wichtige unregelmäßige Verben

중요한 불규칙 동사 변화

gelten	galt	gegolten
gewinnen	gewann	gewonnen
helfen	half	geholfen
kommen	kam	gekommen
nehmen	nahm	genommen
schwimmen	schwamm	geschwommen
sprechen	sprach	gesprochen
stechen	stach	gestochen
stehlen	stahl	gestohlen
sterben	starb	gestorben
treffen	traf	getroffen
verderben	verdarb	verdorben
werben	warb	geworben
werfen	warf	geworfen

	a	u
binden	band	gebunden
empfinden	empfand	empfunden
finden	fand	gefunden
gelingen	gelang	gelungen
klingen	klang	geklungen
singen	sang	gesungen
sinken	sank	gesunken
springen	sprang	gesprungen
stinken	stank	gestunken
trinken	trank	getrunken
verschwinden	verschwand	verschwunden
zwingen	zwang	gezwungen

	i	a
blasen	blies	geblasen
braten	briet	gebraten
empfangen	empfing	empfangen

중요한 불규칙 동사 변화

fallen	fiel	gefallen
fangen	fing	gefangen
gehen	ging	gegangen
geraten	geriet	geraten
halten	hielt	gehalten
hängen	hing	gehangen
lassen	ließ	gelassen
laufen	lief	gelaufen
raten	riet	geraten
schlafen	schlief	geschlafen

	i	ei
heißen	hieß	geheißen

	i	i
beißen	biss	gebissen
bleiben	blieb	geblieben
gleichen	glich	geglichen
gleiten	glitt	geglitten
greifen	griff	gegriffen
leiden	litt	gelitten
leihen	lieh	geliehen
meiden	mied	gemieden
pfeifen	pfiff	gepfiffen
reiben	rieb	gerieben
reißen	riss	gerissen
reiten	ritt	geritten
scheinen	schien	geschienen
schleichen	schlich	geschlichen
schmeißen	schmiss	geschmissen
schneiden	schnitt	geschnitten
schreiben	schrieb	geschrieben
schreien	schrie	geschrien

Wichtige unregelmäßige Verben

중요한 불규칙 동사 변화

schweigen	schwieg	geschwiegen
steigen	stieg	gestiegen
streichen	strich	gestrichen
streiten	stritt	gestritten
treiben	trieb	getrieben
verzeihen	verzieh	verziehen
weichen	wich	gewichen
weisen	wies	gewiesen

	i	o
stoßen	stieß	gestoßen

	i	u
rufen	rief	gerufen

	o	o
bewegen	bewog	bewogen
biegen	bog	gebogen
bieten	bot	geboten
erlöschen	erlosch	erloschen
erwägen	erwog	erwogen
fliegen	flog	geflogen
fliehen	floh	geflohen
fließen	floss	geflossen
frieren	fror	gefroren
genießen	genoss	genossen
gießen	goss	gegossen
heben	hob	gehoben
kriechen	kroch	gekrochen
lügen	log	gelogen
riechen	roch	gerochen

중요한 불규칙 동사 변화

schieben	schob	geschoben
schießen	schoss	geschossen
schließen	schloss	geschlossen
schmelzen	schmolz	geschmolzen
schwellen	schwoll	geschwollen
schwören	schwor	geschworen
verlieren	verlor	verloren
wiegen	wog	gewogen
ziehen	zog	gezogen

	u	a
backen	backte (buk)	gebacken
fahren	fuhr	gefahren
graben	grub	gegraben
laden	lud	geladen
schaffen	schuf	geschaffen
schlagen	schlug	geschlagen
tragen	trug	getragen
wachsen	wuchs	gewachsen
waschen	wusch	gewaschen

	u	o
werden	wurde	geworden

	u	u
wissen	wusste	gewusst

해답
Lösungen

Lösungen | 해답

Lektion 1

Aufgabe 1

1. ④ beinhalten
2. ② Museum
3. ④ Familie
4. ③ Obst
5. ② Student
6. ③ wenig
7. ② gehören
8. ④ Knospe
9. ④ sein
10. ② waschen

Aufgabe 2

1. ① Ábfahrt
2. ④ Professórin
3. ④ Polizéi

Lektion 2

Aufgabe 1

der : Deckel, Fahrer, Gang, Himmel, Idealismus, Irrtum, Klang, Kollege, März, Norden, Regen, Sprung, Tanz, Wagen, Zwilling

die : Bäckerei, Diät, Einsamkeit, Fahrt, Freundschaft, Grammatik, Lüge, Rose, Zeitung

das : Argument, Bier, Hähnchen, Jogging, Leben, Studium

Aufgabe 2

1. des Hauses
2. der Chefin
3. des Säuglings
4. die Studentinnen
5. des Kunden
6. dem Herrn
7. des Deutschen
8. die Kollegin
9. des Präsidenten
10. die Zeugen

Lösungen | 해답

Lektion 3

Aufgabe 1
1. trinkt
2. brauche
3. arbeitest
4. korrigiert
5. beantworten
6. besuchen
7. finden
8. bügelt
9. nehmt
10. repariert

Aufgabe 2
1. spricht
2. liest
3. trägt
4. isst
5. läufst
6. wäscht
7. vergisst
8. empfängst
9. lädt
10. wächst
11. schläft
12. bläst

Aufgabe 3
1. nimmt
2. weiß
3. seid
4. sind
5. wird
6. gibt
7. habt
8. sind
9. wirst
10. nimmst
11. tritt
12. weißt

Lektion 4

Aufgabe 1
1. ihn
2. dich
3. sie
4. sie
5. es
6. es
7. ihm
8. mir
9. ihr
10. ihnen
11. euch
12. ihm
13. dich
14. wir
15. Sie

Aufgabe 2
1. mit ihr
2. damit
3. dafür
4. über ihn
5. an sie
6. darüber
7. nach ihm
8. auf dich
9. darüber
10. darauf

Lösungen | 해답

Lektion 5

Aufgabe 1

1. meine
2. sein
3. unser
4. Ihre
5. ihr
6. eure
7. ihre
8. ihr / unser
9. deine
10. ihre
11. unsere
12. mein / meine
13. sein
14. seiner
15. ihren

Aufgabe 2

1. meine
2. meine
3. eure
4. unsere
5. meiner
6. meins
7. ihre
8. meine
9. meiner
10. seiner

Lektion 6

Aufgabe 1

1. Meine Mutter sprach immer laut.
2. Herr Kunze arbeitete nicht viel.
3. Wir spielten nach der Schule Tennis.
4. Mein Freund kaufte sich ein Auto.
5. Das machte viel Spaß.
6. Das Kind malte ein Bild.
7. Sie kochte jeden Tag das Abendessen.
8. Thomas besuchte am Wochenende seine Familie.
9. Seine Freundin lebte in Berlin.
10. Sie holten die Katze vom Baum.
11. Es regnete sehr viel.
12. Die Angestellten fragten nach den Namen der Kunden.
13. Julia machte in Deutschland einen Sprachkurs.
14. Wir suchten ein Hotelzimmer im Internet.
15. Die Krankenschwester pflegte die Patienten.

Lösungen | 해답

Aufgabe 2

1. Warst du krank?
2. Dachtet ihr nach?
3. Der Bus hatte Verspätung.
4. Die Kinder blieben zu Hause.
5. Ich aß ein Sandwich.
6. Der Postbote brachte einen Brief.
7. Du wusstest davon gar nichts.
8. Der Hund bellte nicht.
9. Der Zug hielt nur fünf Minuten.
10. Ich studierte Jura.
11. Sandra war heute nicht in der Schule.
12. Die Studenten schrieben eine Prüfung.
13. Wir trafen unsere Freunde an der Universität.
14. Warum rief er nicht die Polizei?
15. Hattest du eine Erkältung?
16. Die Sekretärin ging heute früher nach Hause.
17. Ich saß auf einer Parkbank in der Sonne.
18. Meine Mutter half mir bei den Hausaufgaben.
19. Du kanntest meine Freunde noch nicht.
20. Ihr fandet die Vorlesung interessant.

Lektion 7

Aufgabe 1

1. Der Zug kommt pünktlich an.
2. Paula lädt ihre Freundinnen zum Geburtstag ein.
3. Ich stehe jeden Morgen um sieben Uhr auf.
4. Fritz besucht seinen Onkel.
5. Das Auto bleibt auf der Straßenkreuzung stehen.

Lösungen | 해답

6. Der Vater bringt den Kindern ein Geschenk mit.
7. Das Buch gehört mir.
8. Herr Meier macht das Licht im Keller aus.
9. Das Kind zerbricht die Tasse.
10. Peter schreibt in der Prüfung ab.
11. Meine Mutter kauft im Supermarkt ein.
12. Das Kind fällt auf dem Spielplatz hin.
13. Ich sehe am Wochenende sehr viel fern.
14. Du holst die Kinder von der Schule ab.
15. Die Kinder räumen nie ihre Zimmer auf.

Aufgabe 2

1. Er ruft mich früh morgens an.
2. Inge sieht in ihrem Kleid sehr schick aus.
3. Die Studenten betreten den Vorlesungsraum.
4. Alle verlassen den Saal.
5. Er erzählt immer viel Interessantes.
6. Wann bezahlst du die Rechnung?
7. In der Pause schalten die Azubis das Radio ein.
8. Der Präsident empfängt die Gäste aus Südkorea.
9. Mein Freund geht heute mit mir aus.
10. Die Schüler hören im Unterricht nicht zu.

Lektion 8

Aufgabe 1

1. Paula ist dick gewesen.
2. Der Schüler hat ein Magazin gelesen.
3. Haben Sie gut geschlafen?
4. Peter ist Beamter geworden.

5. Der Busfahrer ist zu schnell gefahren.

6. Hast du das Brot genommen?

7. Diese Pflanzen sind gut gewachsen.

8. Der Hund ist mir gefolgt.

9. Hast du noch weitergemacht?

10. Hast du den Mann dort drüben gesehen?

11. Die Großmutter hat den Kindern eine Geschichte erzählt.

12. Frau Müller hat in der Apotheke einen Hustensaft gekauft.

13. Die Sanitäter haben den Verletzten ins Krankenhaus gebracht.

14. Ich habe viel Geld von meinem Onkel geerbt.

15. Sie hat eine Tasse Kaffee zum Frühstück getrunken.

Aufgabe 2

1. Das Auto war schon alt gewesen.

2. Ich hatte meiner Mutter im Haushalt geholfen.

3. Er hatte die Wahrheit über Maria erfahren.

4. Otto hatte zu viel geraucht.

5. Er hatte nie darüber gesprochen.

6. Die Fußballmannschaft hatte mit 2:0 verloren.

7. Mein Freund hatte sehr viel Alkohol getrunken.

8. Unsere Gäste waren schon nach Hause gegangen.

9. Du hattest viel mit deinen Freuden telefoniert.

10. Die Kundin hatte ihre Rechnung im Voraus bezahlt.

11. Der Patient war ins Koma gefallen.

12. Die Studenten hatten nicht für die Prüfung gelernt.

13. Sie hatte immer Schmerzen im Rücken gehabt.

14. Die Suppe war zu salzig gewesen.

15. Ich hatte beim Grillfest viele Würstchen gegessen.

Lösungen | 해답

Lektion 9

Aufgabe 1

1. muss
2. dürfen
3. willst
4. darf
5. soll
6. will
7. muss
8. könnt
9. sollst
10. können

Aufgabe 2

1. darf
2. müssen
3. kann
4. soll/ muss
5. musst
6. kann
7. will/ muss
8. kann
9. kann
10. darf
11. sollst
12. können
13. müsst
14. muss
15. will/ möchte

Aufgabe 3

1. mag
2. mögen
3. mögen
4. magst
5. mögt / mögen

Aufgabe 4

1. 과거 : Ich wollte nach Berlin.
   현재완료 : Ich habe nach Berlin gewollt.
2. 과거 : Ich durfte nicht mehr rauchen.
   현재완료 : Ich habe nicht mehr rauchen dürfen.
3. 과거 : Ich konnte das Buch nicht lesen.
   현재완료 : Ich habe das Buch nicht lesen können.
4. 과거 : Laura mochte ihre neue Lehrerin.
   현재완료 : Laura hat ihre neue Lehrerin gemocht.
5. 과거 : Die Angestellten mussten Überstunden machen.
   현재완료 : Die Angestellten haben Überstunden machen müssen.

Lösungen | 해답

Lektion 10

Aufgabe 1
1. dem
2. meiner
3. ihre
4. die
5. dem
6. diese
7. dem
8. den
9. der
10. dem
11. diesen
12. dem
13. des
14. ihrem
15. der

Aufgabe 2
1. aus dem
2. mit dem
3. im (in dem)
4. durch den
5. ohne (einen)
6. wegen des
7. von ihren
8. seit einer
9. zum (zu dem)
10. für die
11. in den
12. mit seinem
13. ohne die
14. zum (zu dem)
15. in der

Aufgabe 3
1. am
2. im
3. vor dem
4. seit
5. in der
6. im
7. beim
8. am
9. in
10. am
11. am
12. um
13. (bis) vor dem
14. bei
15. zu

Aufgabe 4
1. im / in den
2. an der / an die
3. auf dem / auf den
4. auf dem / auf den
5. am / an den

Aufgabe 5
1. die
2. das
3. dem
4. den
5. dem
6. der
7. den
8. der
9. die
10. der
11. den
12. die
13. den
14. der
15. das

Lektion 11

Aufgabe 1
1. das neue Fahrrad
2. der langweilige Film
3. die leckere Torte

Aufgabe 2
1. frische
2. großen
3. warmer

Lösungen | 해답

4. die laute Musik
5. der tiefe See
6. die enge Hose
7. das hohe Gebäude
8. der kurze Rock
9. das hübsche Mädchen
10. der schwere Koffer

4. ausländisches
5. blonde / blaue

Aufgabe 3

1. neue
2. roten
3. deutschen
4. altes
5. fremden
6. kleiner
7. berühmten
8. koreanischen
9. schnelles
10. wackeligen
11. neue
12. hohe
13. interessante
14. gutaussehende/ bekannter
15. beiden/ gemütlichen

Aufgabe 4

1. hungernden
2. folgende
3. kommende
4. schlafende
5. brennenden

Aufgabe 5

1. verlorene
2. gekochte
3. gefrorene
4. korrigierten
5. geschlossenen

Aufgabe 6

1. Erwachsene
2. Angestellten
3. Verletzten
4. Reisenden
5. Betrunkene/–en

Aufgabe 7

1. Arbeitslosen
2. Kranke
3. Fremden
4. Interessantes
5. Jüngste

Lektion 12

Aufgabe 1

1. Das Haus ist hoch. / Der Kirchturm ist höher als das Haus. / Der Fernsehturm ist am höchsten.

Lösungen | 해답

2. Peter hat ein gutes Fahrrad. / Bruno hat ein besseres Fahrrad als Peter. / Fitz hat das beste Fahrrad.
3. Ein Motorrad ist schnell. / Ein Auto ist schneller als ein Motorrad. / Ein Flugzeug ist am schnellsten.
4. Mein Sohn lernt fleißig. / Dein Sohn lernt fleißiger als mein Sohn. / Sein Sohn lernt am fleißigsten.
5. Der Frühling ist schön. / Der Sommer ist schöner als der Frühling. / Der Herbst ist am schönsten.

Aufgabe 2

1. wie
2. als
3. als
4. wie
5. je / desto
6. wie
7. lieber
8. gut / besser / am besten
9. als
10. schwerer / am schwersten

Aufgabe 3

1. größte
2. schneller
3. schlank
4. lauter/ lauter
5. kalt / am kältesten
6. beste
7. älter
8. schönsten
9. praktischer
10. interessanter

Lösungen | 해답

Lektion 13

Aufgabe 1

1. Nummer *eins*
2. *einhundertfünfundvierzig* Euro
3. *fünfunddreißig* Jahren
4. *einhundertachtzig* Kilometer pro Stunde
5. *neunundvierzig* Cent
6. *zwölf* Eier und *ein* Pfund Mehl
7. *zweiundvierzig* Komma *eins neun fünf* Kilometer
8. *fünfundsechzig* Quadratmeter
9. *acht* Komma *fünfundzwanzig*
10. *eineinhalb* Kilo

Aufgabe 2

1. fünf nach sieben
2. Viertel nach sieben
3. zehn vor halb acht
4. fünf vor halb acht
5. halb acht
6. fünf nach halb acht
7. zehn nach halb acht
8. Viertel vor acht
9. fünf vor acht
10. acht Uhr

Aufgabe 3

1. Heute ist der *erste fünfte zweitausendzwei*.
2. Ich bin am *fünften* Juli *neunzehnhundertachtzig* geboren.
3. Der Brief ist vom *fünfundzwanzigsten elften*.
4. Berlin, den *siebzehnten zehnten neunzehnhundertachtundneunzig*.
5. Kaiser Rudolf *der Zweite* interessierte sich sehr für Kunst.
6. Die Gästezimmer sind im *fünften* Stock.
7. Schloss Neuschwanstein wurde von Ludwig *dem Zweiten* erbaut.
8. Ich bestelle mir auf dem Volksfest ein *halbes* Hähnchen.
9. Das Gemälde ist aus dem Jahr *siebzehnhundertfünfundachtzig*.
10. Wir feiern heute den *achtzigsten* Geburtstag meines Großvaters.

Lektion 14

Aufgabe 1

1. überhaupt
2. sofort
3. nach unten
4. warscheinlich
5. nie
6. gern
7. ziemlich
8. Früher
9. denn
10. wenigstens
11. nur
12. hinterher

Aufgabe 2

1. 긍정 : Ja, es ist alt.
   부정 : Nein, es ist nicht alt.
2. 긍정 : Ja, ich bin der neue Mieter.
   부정 : Nein, ich bin nicht der neue Mieter.
3. 긍정 : Doch, wir haben sie gesehen.
   부정 : Nein, wir haben sie nicht gesehen.
4. 긍정 : Ja, ich bin mit ihr befreundet.
   부정 : Nein, ich bin nicht mit ihr befreundet.
5. 긍정 : Doch, er hat Freunde in Deutschland.
   부정 : Nein, er hat keine Freunde in Deutschland.

Aufgabe 3

1. keine
2. nicht
3. nicht
4. keine
5. nicht
6. keine
7. nicht
8. nicht
9. nicht
10. nicht

Lösungen | 해답

Aufgabe 4

1. Ich esse nicht gern Spaghetti.
2. Er ist nicht zu Hause.
3. Er ruft seine Eltern nicht an.
4. Die Tabletten helfen nicht gut.
5. Der Kaffe ist nicht besonders stark.
6. Er hat es mir nicht gesagt.
7. Die Soße schmeckt mir nicht gut.
8. Ich bin nicht zufrieden mit der Arbeit.
9. Das Schnitzel ist nicht sehr groß.
10. Bei der Kälte gehen wir nicht ins Schwimmbad.

Lektion 15

Aufgabe 1

1. Wer
2. Wen
3. wem
4. Wessen
5. Was
6. Woher
7. Wann
8. Wie lange
9. Wie oft
10. Warum
11. Wem
12. Welches
13. Wie oft
14. wessen
15. Wie weit

Aufgabe 2

1. Für wen kauft sie das Buch?
2. Worauf wartet Herr Krüger?
3. Auf wen wartet Peter?

Lösungen | 해답

4. Woran denkt deine Großmutter immer?
5. Bei wem wohnt Markus?
6. Woran nimmt Julia teil?
7. Womit fährt er jeden Tag zur Arbeit?
8. An wen denkst du sehr oft?
9. Worüber lachen sie gerade?
10. Mit wem hat Robert den ganzen Abend getanzt?

Aufgabe 3

1. Wie viele Brüder hat Manfred?
2. Mit welcher Hand schreibt sie?
3. Was für eine Jacke kauft sich Eva?
4. Wieviel kostet die Jacke?
5. Bis wann/ Bis wieviel Uhr musst du im Büro sein?
6. Seit wann / Seit wieviel Jahren raucht er nicht mehr?
7. Wen hat sie in der Stadt getroffen?
8. Um wieviel Uhr kommt Herr Winter jeden Tag ins Büro?
9. Ab wann ist Frau Meier im Urlaub?
10. An welcher Universität studierst du Jura?

Lektion 16

Aufgabe 1

1. Ich bin kein Student, sondern Angestellter.
2. Mein Freund bestellt ein Glas Bier, denn er hat Durst.
3. Der Briefträger kommt, aber er hat keine Post.
4. Er kommt heute oder / und morgen.
5. Ich studiere Germanistik und mein Bruder studiert Betriebswirtschaft.
6. Du bereitest das Abendessen vor und ich bringe den Rotwein mit.
7. Sie hat schon viele Leute gefragt, doch / aber niemand konnte ihr helfen.

Lösungen | 해답

8. Der Student hat sehr großen Hunger, denn er hat heute noch gar nichts gegessen.
9. Birgit studiert schon drei Monate in Paris, aber Julia ist erst seit einer Woche dort.
10. Wir machen keine Radtour zum See, sondern (wir machen) einen Ausflug in die Berge.

Aufgabe 2

1. Sie kann nicht nur Deutsch sondern auch Englisch sprechen.
2. Meine Wohnung ist weder groß noch klein.
3. Sie mag sowohl Pizza als auch Spaghetti.
4. Er schickt mir entweder eine SMS oder eine E-Mail.
5. Sie ist zwar krank, aber immer lustig.
6. Peter hat weder das Abitur bestanden noch einen Studienplatz bekommen.
7. Der Computerbildschirm ist nicht nur zu teuer, sondern er hat auch eine schlechte Auflösung.
8. Spargel ist sowohl gesund als auch sehr schmackhaft.
9. Der Park ist zwar nicht gepflegt, aber viele Leute besuchen ihn regelmäßig.
10. Meine Großmutter liest mir entweder aus dem Buch vor oder sie erzählt mir eine Geschichte.

Aufgabe 3

1. als
2. dass
3. wenn
4. weil
5. deshalb
6. dass
7. während
8. bevor
9. obwohl
10. nachdem
11. darum
12. weil
13. trotzdem
14. da
15. seitdem

Lösungen | 해답

Lektion 17

Aufgabe 1

1. Nimm Platz!
   Nehmt Platz!
   Nehmen Sie Platz!
2. Hilf mir!
   Helft mir!
   Helfen Sie mir!
3. Schlaf gut!
   Schlaft gut!
   Schlafen Sie gut!
4. Lies laut vor!
   Lest laut vor!
   Lesen Sie laut vor!
5. Sei vorsichtig!
   Seid vorsichtig!
   Seien Sie vorsichtig!
6. Räum schnell auf!
   Räumt schnell auf!
   Räumen Sie schnell auf!
7. Sei nicht traurig!
   Seid nicht traurig!
   Seien Sie nicht traurig!
8. Komm nicht zu spät!
   Kommt nicht zu spät!
   Kommen Sie nicht zu spät!
9. Öffne bitte das Fenster!
   Öffnet bitte das Fenster!
   Öffnen Sie bitte das Fenster!
10. Geh geradeaus!
    Geht geradeaus!
    Gehen Sie geradeaus!

Aufgabe 2

1. Sprechen Sie bitte etwas lauter!
2. Lauf möglichst schnell!
3. Korrigiert diese Fehler!
4. Vergiss unsere Verabredung nicht!
5. Gib mir bitte die CD!
6. Fahr doch bitte zum Bahnhof!
7. Zeigen Sie mir bitte Ihren Ausweis!
8. Frag deine Lehrerin, wenn du etwas nicht weisst!
9. Unterschreiben Sie bitte das Formular!
10. Raucht nicht so viel!

Lösungen | 해답

Lektion 18/19

Aufgabe 1

1. dich
2. uns
3. mich
4. sich
5. dir
6. uns
7. euch
8. sich
9. mich
10. uns

Aufgabe 2

1. dich
2. mich
3. sich
4. mich
5. mich
6. sich
7. mich
8. mir
9. sich
10. sich

Aufgabe 3

1. Ihnen
2. dir
3. ihm
4. mich
5. mir

Lektion 20

Aufgabe 1

1. etwas / nichts
2. keiner
3. alles
4. jemand
5. einer
6. eins
7. welche
8. keinen
9. jedem
10. niemand

Aufgabe 2

1. alle / wichtigen
2. viele / wichtige
3. einige / interessante
4. manche / jungen
5. mehrere / nette
6. wenige / gute
7. einige / berühmte
8. viele
9. alle / notwendigen
10. mehrere / unterschiedliche

Lösungen | 해답

Lektion 21

Aufgabe 1

1. den
2. deren
3. der
4. die
5. dem
6. den
7. wem
8. was
9. was
10. wer
11. dessen
12. wer
13. die
14. was
15. deren

Aufgabe 2

1. nach dem
2. wonach
3. von denen
4. auf wen
5. worum
6. wofür
7. wovor
8. in das
9. mit dem
10. auf den
11. womit
12. womit
13. wo/ in dem
14. wohin
15. wo

Lektion 22

Aufgabe 1

1. das
2. der
3. den
4. der
5. diese/ jener

Aufgabe 2

1. dieselbe
2. demselben
3. dasselbe
4. demselben
5. demselben

Aufgabe 3

1. solches
2. solche
3. slochen
4. solche
5. solche

Lektion 23

Aufgabe 1

1. Ihr Haus wird von ihr verkauft.
2. Die Frage wird von Karl beantwortet.

Lösungen | 해답

3. Ich bin von ihm gerufen worden.
4. An Wunder wird nicht geglaubt.
5. Mir wird von den Schülern geholfen.
6. Das Geschäft wird um 18 Uhr geschlossen.
7. Das Buch ist von meinem Freund mitgebracht worden.
8. Auf dem Oktoberfest wird viel Bier getrunken.
9. Der Vertrag wurde gestern von dem (vom) Kunden unterschrieben.
10. Das Unternehmen war von seinen Großeltern gegründet worden.
11. Die Blumen werden von meinen Nachbarn gegossen werden.
12. Die Umwelt muss von uns geschützt werden.
13. Der Roman wird von mir ins Deutsche übersetzt.
14. Das Auto wird von ihm aus der Werkstatt abgeholt.
15. Die Patientin wird von der Ärztin in ihrer Praxis untersucht.

Aufgabe 2

1. Der Arzt operiert den Patienten.
2. Die Hausfrau hatte die Wohnung aufgeräumt.
3. Man hat die Fische gefangen.
4. Jemand/ Der Journalist soll den Skandal aufdecken.
5. Ich habe den Kuchen schon gebacken. / Der Konditor hat den Kuchen schon gebacken.
6. Der Bäcker hat die Brote gebacken.
7. Man/ Jemand hatte mir das Restaurant empfohlen.
8. Man dankt dem Lebensretter.
9. Der Bürgermeister eröffnet das Sommerfest.
10. Man/ Das Reisebüro hat ihm die Buchung bestätigt.

Lösungen | 해답

Lektion 24

Aufgabe 1

1. Ich hoffe, dich einmal wiederzusehen.
2. Ich wünsche mir, wieder gesund zu werden.
3. Gitarre zu spielen macht mir viel Spaß.
4. Es ist gut für die Gesundheit, morgens zu joggen.
5. Es ist notwendig, über wichtige Probleme zu diskutieren.
6. Du hattest mir versprochen, gestern mich anzurufen.
7. Es ist wichtig, regelmäßig Sport zu treiben.
8. Er freute sich, sie endlich persönlich kennenzulernen.
9. Ich habe heute leider keine Zeit, das Fahrrad zu reparieren.
10. Es ist verboten, in der Wohnung Haustiere zu halten.

Aufgabe 2

1. Ich freue mich, dich wiederzusehen.
2. Ich hoffe, sie täglich sehen zu können.
3. Ich beeile mich, um nicht zu spät zu kommen.
4. Peter geht ins Bett, ohne sich vorher zu waschen.
5. Die Kinder laufen über die Straße, ohne auf die Autos zu achten.
6. Ich treibe viel Sport, um gesund zu bleiben.
7. Wir brauchen uns nicht zu beeilen.
8. Nach dem Essen pflegt er immer gleich einzuschlafen.
9. Ich habe diese Aufgabe zu lösen.
10. Wir haben uns vorgenommen, morgens früher aufzustehen.
11. Diese Aufgabe ist nicht einfach zu lösen.
12. Sie ist erleichtert, ihr Handy wiedergefunden zu haben.
13. Er spielt mit seinen Freunden Fußball, anstatt seine Hausaufgaben zu machen.
14. Du brauchst dich für die kaputte Tasche nicht zu schämen.
15. Ich pflege zum Abendessen ein Glas Rotwein zu trinken.

Lösungen | 해답

Lektion 25

Aufgabe 1

1. Wenn mein Vater doch heute nur käme!
2. Wenn sie doch nur ledig wäre!
3. Wenn ich doch nur Geld gehabt hätte!
4. Wenn es doch nur nicht regnete!
5. Wenn er doch nur gekommen wäre!
6. Wenn ich ihn heute doch nut treffen könnte!
7. Wenn ihr doch nur nicht zu spät zum Unterricht kämet!
8. Wenn der Zug doch nur keine Verspätung gehabt hätte!
9. Wenn wir am Wochenende doch nur nicht arbeiten müssten!
10. Wenn er doch nur ein bekannter Schauspieler wäre!

Aufgabe 2

1. Wenn ich jung wäre, liefe ich schnell.
   (Wenn ich jung wäre, würde ich schnell laufen.)
   (Wenn ich jung wäre, könnte ich schnell laufen.)
2. Wenn das Wetter gut wäre, würden wir einen Ausflug machen.
3. Wenn sie Zeit gehabt hätte, wären wir verreist.
4. Wenn sie gestern gekommen wäre, hättest du sie gesehen.
5. Wenn ich Flügel hätte, könnte ich fliegen.
6. Wenn du ihn zu deiner Feier eingeladen hättest, wäre er gekommen.
7. Wenn er fleißig wäre, hätte er keine schlechten Noten.
8. Wenn wir schwimmen könnten, würden wir im Meer baden.
9. Wenn sie Geld für eine Reise gehabt hätten, wären sie nicht zuhause geblieben.
10. Wenn ich gut Englisch spräche / sprechen würde, könnte ich dich verstehen.

Aufgabe 3

1. Das Gemälde sieht so aus, als ob es echt wäre.
2. Er benimmt sich so, als ob er betrunken wäre.

Lösungen | 해답

3. Sie spricht so, als ob sie etwas im Hals hätte.
4. Der Angeklagte hat so getan, als ob er gar nichts gewusst hätte.
5. Manfred erzählt die Geschichte so, als ob er selbst dabei gewesen wäre.
6. Ihr seht so aus, als ob ihr die ganze Nacht nicht geschlafen hättet.
7. Unser Nachbar tut immer so, als ob er viel Geld hätte.
8. Ich fühlte mich, als ob ich im Lotto gewonnen hätte.
9. Der Schüler tat so, als ob er die Antwort nicht wüsste.
10. Die Gäste haben sich auf das Buffet gestürzt, als ob es morgen nichts mehr zu Essen gäbe.

Aufgabe 4

1. Könnten Sie mir bitte sagen, wie spät es ist?
2. Wollten Sie noch ein Stück Kuchen?
   Möchten Sie noch ein Stück Kuchen?
3. Würden Sie heute Abend zu mir kommen?
   Könnten Sie heute Abend zu mir kommen?
4. Hättest du morgen etwas Zeit für mich?
5. Welches Restaurant würden Sie mir empfehlen?

Aufgabe 5

1. Der Vater sagte, er komme gleich.
2. Meine Freunde sagten, sie kämen gleich.
3. Peter sagte, er sei zu spät aufgestanden.
4. Ich sagte, ich hätte keine Zeit gehabt.
5. Meine Freundin hat mich gefragt, wo ich gestern gewesen sei.
6. Sie fragt mich, wie alt ich sei.
7. Meine Mutter fragt mich, ob ich krank sei.
8. Der Lehrer hat mich gefragt, ob ich meine Hausaufgabe gemacht hätte.
9. Der Lehrer sagte zu mir, ich solle meine Übungsaufgaben machen.
10. Die Mutter sagte zu den Kindern, sie sollen/sollten das Zimmer aufräumen.

참고문헌

- 강명희(2008): 독일어 문법, 유로서적
- 송경안(2011): 독일어의 새로운 이해, 신아사
- 조영기/김석도(2000): 현대독일어, 관동출판사
- Clamer/Heilmann(2002): Übungsgrammatik für die Grundstufe, Verlag Liebaug-Dartmann.
- Duden(2009): Die Grammatik, Bd 4, Dudenverlag, Mannheim · Zürich.
- Eisenberg(1986): Grundriss der deutschen Grammatik, J.B. Metzlersche Verlagsbuchhandlung.
- Helbig/Buscha(1986): Deutsche Grammatik, VEB Verlag Enzyklopädie Leipzig.
- Luscher(2001): Übungsgrammatik, Deutsch als Fremdsprache für Anfänger, Max Hueber Verlag.
- http://www.mein-deutschbuch.de